DEC 7 2006

NoMiedo

PILAR JERICÓ

NoMiedo

En la empresa
y en la vida

alienta
EDITORIAL

ALIENTA EDITORIAL
Planeta DeAgostini Profesional y Formación
España, Colombia, Perú, EEUU, Argentina, Chile, Venezuela, México, Uruguay, Ecuador
www.alientaeditorial.com

Diseño cubierta y maquetación: www.talking-box.net
Foto de la cubierta: © Getty Images

© **Pilar Jericó, 2006**
© **Alienta Editorial 2006**
   Planeta DeAgostini Profesional y Formación, S.L.
   Barcelona, 2006

ISBN: 84-934859-0-X
Depósito legal: B-4586-2006
Impresión: Cayfosa
Impreso en España - *Printed in Spain*

ÍNDICE

A Maribel y Pilar

AGRADECIMIENTOS

E scribir un libro es como realizar un viaje. Me embarqué en la aventura del NoMiedo en 1998, cuando comencé a explorar el miedo como uno de los principales lastres de las empresas y de las personas. Sin embargo, las bibliotecas estaban huérfanas de artículos o libros como los que buscaba para mi investigación. Este viaje, por tanto, tenía una dificultad añadida que lo convertía en más atractivo, si cabe. Para la travesía me apoyé en entrevistas realizadas durante varios meses y en mi experiencia como consultora y *coach*.

Gracias a todos aquellos con quienes tuve la oportunidad de conversar (Adriana Gómez-Arnau, Alberto García, Ángel Córdoba, Antonio Pamos, Asunción Riera, Carlos Esteban, Carolina Maliqueo, Eduardo Bueno, Ignacio Bernabeu, Isabel Carrasco, Jaime Bonache, Jaime Pereira, Javier Fernández Aguado, Javier Quintana de Uña, José Cabrera, José María Gasalla, Luis Massa, Marcos Cajina, Techu Arranz (y amigos del CESEDEN), y en especial a la colaboración y complicidad de Pedro Luis Uriarte, Tomás Pereda, Luis Carlos Collazos y Pilar Gómez Acebo. Gracias también a muchos otros profesionales de empresas clientes, a mis socios, a compañeros del departamento de Organización de Empresas, a estudiantes de escuelas de negocios y a alumnos de la universidad, de quienes siempre aprendo.

Le agradezco al Grupo Planeta el cariño y la energía que han puesto en todo este proyecto, en especial a Jordi Nadal, Alexandre

Amat, Rocío Carmona, Chituca García-Trevijano, Cati Farrán y Joan Salvador; al equipo de talking-box, por su excelente trabajo; y a Maru de Monserrat y a Isabel Monteagudo, de Internacional Editors, por sus palabras y aliento.

Y, por supuesto, gracias a mi familia y a mis amigos por su incondicional apoyo (en especial, a Fran, Juan, Marta, Ana, Mariano, Elena y Marisa); y a ti, Álvaro.

PRÓLOGO

A nadie se le ocurriría hoy en día dirigir una empresa con los métodos de gestión que se imponían cuando Europa empezaba a industrializarse. La sociedad ha evolucionado, la tecnología nos permite producir más y mejor y los valores que regían las relaciones laborales han cambiado. Pero quedan aún reminiscencias de ese pasado no tan lejano que inciden, sin lugar a dudas, en el elemento básico de cualquier empresa: las personas. Estoy hablando del miedo, de la gestión por el miedo.

A lo largo de las páginas de este libro, Pilar Jericó nos hablará del factor miedo como una de las anclas que frenan el desarrollo del talento e influyen en la cuenta de resultados.

El miedo es algo inherente al ser humano y tiene su utilidad en muchos contextos, aunque no en el de la empresa del siglo XXI. Por ello, el primer paso es identificarlo, ponerle nombre y apellidos. Al igual que el nombre de una persona nos permite saludarla y nos facilita el trato, poder llamar al miedo por su nombre nos ayudará a comprenderlo y a superarlo. El segundo paso es vencer sus dos principales causas: el aislamiento y la soledad. Para no tener miedo —ni siquiera del miedo— es imprescindible sentirse acompañado.

Pilar Jericó nos acompaña en el camino de la identificación de cinco tipos de miedos, fáciles de encontrar en el día a día de nuestras empresas. Una vez reconocidos, podremos elegir los medios para afrontarlos. La confianza será una de las claves esenciales.

Es cierto, vivimos una época de grandes contradicciones. Por eso la educación en la confianza será uno de los valores al alza en nuestra sociedad y una de las claves de éxito en el futuro. Constituirá el verdadero diferencial entre personas, entre países y organizaciones para sobrevivir a la permanente gestión del miedo que hoy nos domina. Es la esperanza que nos queda por delante, especialmente en un país como España, porque procedemos de un autoritarismo —con tintes en muchos casos de abusos de poder— y porque nos caracterizamos por nuestra tendencia a pasar de un extremo a otro. Esta ley del péndulo tan nuestra nos ha llevado del paternalismo asumido al personalismo exacerbado. Todo ello se ha traducido en un excesivo racionalismo individualista, falsamente disfrazado de productividad, que provoca inseguridad e incremento de la insatisfacción y de los miedos. ¿Alguna vez hemos pensado que el «buenos días» del jefe sonriendo a un miembro de su equipo también forma parte de la cuenta de resultados de una empresa y puede hacer aumentar la productividad?

Como eje para transitar del miedo a la confianza, resulta decisivo un correcto planteamiento de la autoestima. Conseguir el equilibrio entre crecimiento y asimilación es la clave del éxito y los que nos ayuda a superar los miedos al fracaso o a la pérdida de poder, como dice la autora. Compaginar al mismo tiempo un desarrollo continuado y el uso adecuado de esa autoestima constituye uno de los mejores indicadores personales en cualquier orden de la vida, que además permite evitar la tendencia de caer en el victimismo de Sancho Panza o en el deseo de ser todos quijotes a la vez.

Precisamente porque la tan traída y llevada sociedad del bienestar nos ha convertido en Sanchos Panza llenos de miedos a partir de nuestras propias inseguridades, necesitamos despertar el Don Quijote que hay en nosotros, aunque sin perder nuestro ego. El peligro de dar rienda suelta al ego nos convierte en seres muy creativos, pero aislados, solos, y eso nos impide sacar beneficio común de las capacidades individuales.

Nuestra asignatura pendiente es crecer, educar y dirigir desde la confianza y evitar, así, las técnicas del miedo. Eso conlleva una enorme exigencia, que se compensa con la conciencia de que es el único ámbito desde el que aflora lo mejor de cada uno. Ahí radica la verdadera estima personal: conocerse de verdad o, como dice Pilar, mirar al miedo a los ojos, aunque ésta sea la materia más desconocida para la gran mayoría. Lo mejor de cada uno radica siempre en algo que hace crecer a los demás, no en los éxitos propios. En otras palabras, apoyarnos no en el tener, que transita por las sendas del miedo, sino en el ser, entendido como la oportunidad de compartir sentimientos.

Amenazar, gestionar por el miedo, u ofrecer confianza. Según pongamos más interés en uno u otro lado, estaremos generando envidia o generosidad inteligente. Lo mejor de cada etapa histórica, de cada país, de cada organización ha llegado, si lo analizamos con profundidad, en aquellos momentos y situaciones en que la confianza ha constituido una verdadera prioridad y se ha escrito con letras mayúsculas.

La lectura de este libro requiere, en primer lugar, atreverse a entrar sin miedo en el miedo, para huir de ambigüedades y reconocerlo como lo que es: una emoción incómoda que, con cierta distancia, conocimiento, madurez y sentido del humor, se puede superar e incluso convertirse en un aliado **NoMiedo**.

Pilar Gómez Acebo
Vicepresidenta de la Confederación Española de Directivos y Ejecutivos

INTRODUCCIÓN

A bróchense los cinturones. Vamos a adentrarnos en el túnel del miedo.

Todos tenemos miedo. Todos. Sin embargo, su sola mención en las empresas se considera tabú. Como si sólo los mensajes atractivos tuvieran cabida en los discursos empresariales y las campañas publicitarias: modelos sonrientes en idílicos campos de golf estilo Tommy Hilfiger, páginas web sobre las excelencias en la gestión de personas, imágenes de clientes encantados por hipotecarse durante treinta años... Y detrás, entre bastidores, la cruda realidad: presión por los resultados, luchas de poder, riesgo de despidos y, por supuesto, nuestro querido miedo.

Una puntualización: si el término miedo le produce una cierta «urticaria intelectual» o, simplemente, niega su existencia, tal vez prefiera pensar en temor, ansiedad o estrés. Todas estas emociones tienen en común que se activan cuando percibimos amenazas y que nos hacen pagar un alto precio, en nuestra vida y en nuestro trabajo.

Nadie lo reconocerá abiertamente, pero el miedo ha sido empleado como método de gestión en las empresas durante siglos (y se continúa empleando). Pues bien, ¡rescatémoslo del silencio! Sólo cuando lo hagamos nos daremos cuenta de que existe otra alternativa. Tal vez más compleja, pero, sin duda, mucho más rentable: la opción del NoMiedo, basada en el talento, el cambio y la innovación. No hablamos de teorías, sino de hechos contrastados. Existen empresas y profesionales que la han aplicado y han obtenido excelentes resultados. No son sólo palabras bonitas, hablamos de números y de felicidad. ¿No cree que vale la pena intentarlo? Para ello debemos hacer frente a dos desafíos, uno relacionado con nosotros y otro con nuestras empresas. El primero consistirá en liberarnos de la gran cadena del miedo: desarrollar todo nuestro potencial, a menudo encorsetado por nuestras propias inseguridades, aunque nos vistamos con corbatas de Hermés o trajes de Dior. El segundo, evitar la gestión basada en el miedo: sí, es cierto, ha sido el modelo clásico de gestión y ha funcionado, pero también funcionaban los carruajes de caballos y las impresoras matriciales. Los éxitos del pasado no garantizan los del futuro. El futuro pertenece a quien sea capaz de enamorarlo, ya sea una empresa o una persona, siempre y cuando se atreva a romper las reglas de juego y a crecer sobre sí mismo.

Como seres humanos,
nuestra grandeza radica
no tanto en nuestra capacidad para rehacer
el mundo sino
para rehacernos a nosotros mismos.
MAHATMA GANDHI

Comenzaremos el viaje por el NoMiedo analizando las raíces biológicas de esta emoción, para entender que nadie está libre de ella. Después, nos detendremos en los tipos de miedos que cada uno sentimos e inspiramos en el mundo de la empresa. Analizaremos el precio que pagan las compañías y las personas bajo su influencia. Y finalizaremos centrándonos en los desafíos para las organizaciones y las personas que deseen aislar sus efectos.

No es valiente el que no tiene miedo,
sino el que sabe conquistarlo.

NELSON MANDELA

¿Preparado para su conquista?

EL MIEDO BAJO EL MICROSCOPIO

HIJO DE UNA INFIDELIDAD MITOLÓGICA

El miedo es hijo de una infidelidad mitológica. Venus, diosa del amor, no le era precisamente fiel a su poco agraciado marido Vulcano, dios del fuego. Su romance más sonado en el Olimpo fue con Marte, dios de la guerra, ¡con quien tuvo cinco hijos! Sus nombres: Cupido, Anteros, Concordia, Fobos y Deimos. Cupido representa al dios del amor erótico; Anteros es dios del amor correspondido (menos conocido que su hermano porque, desafortunadamente, no se prodiga tanto); Concordia personifica la unidad, y, por último, los hijos que acompañaban a su padre en las batallas: Fobos, de ahí el término de fobia, y Deimos, que es el equivalente de la palabra «terror». Los mitos intentan dar explicación a las necesidades humanas y, según éste, el miedo desciende de la unión del amor y de la guerra.

Aunque el origen del término miedo tenga sus raíces en las aventuras mitológicas, en nuestro idioma la palabra proviene de la latina *metus*. El diccionario de la Real Academia Española lo define como «perturbación angustiosa del ánimo por un riesgo o daño real o imaginario». Las causas pueden ser amenazas físicas (pruebe a enfadar al boxeador Mike Tyson) o psíquicas (miedo a perder el puesto de trabajo). En el mundo de las empresas, las más habituales son las segundas, menos intensas pero más constantes en el tiempo. Aunque en ciertas compañías, como las de construcción, los circos o los cuerpos de seguridad, conozcan demasiado bien las primeras.

Término	Definición
ANSIEDAD	Miedo irracional no justificado por causas externas o endógenas.
ESTRÉS	Tipo de ansiedad ligada a un agente externo que lo provoca (una agenda excesivamente apretada).
SOBRESALTO	Miedo momentáneo causado por un estímulo súbito (una explosión inesperada).
FOBIA	Miedo ante una situación que va mucho más allá de la precaución razonable ante el peligro (miedo a las arañas. Tarántulas y demás especies venenosas estarían aparte).
PÁNICO	Aparición súbita de miedo intenso asociado a deseos de escapar (un incendio).

Tabla 1. Algunos tipos de miedo[1]

El miedo no es hijo único. En realidad, es una familia de emociones que van desde el malestar temeroso por tener que hablar en público hasta el estrés provocado por un anuncio de reducción de plantilla. Algunas son de terapia de diván (fobias), otras están sujetas a momentos muy puntuales e intensos (pánico). Nosotros nos centraremos en las de una intensidad más baja (figura 1), ya que son las responsables de minar la cuenta de resultados de las empresas y sobre las que tenemos mayor margen de maniobra.

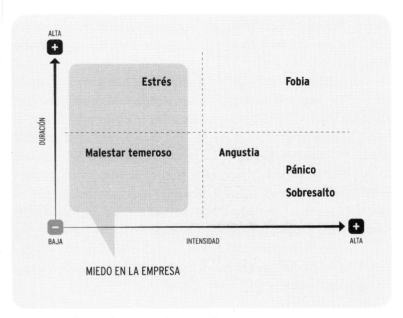

Figura 1. ¿Dónde está el miedo en la empresa?

MIEDO, ¿SE NACE O SE HACE?

A cada pueblo, su miedo

Manhattan, principios del siglo XX. Se proyectan los primeros rascacielos en pleno corazón de Nueva York y surge un problema: ¿qué obreros iban a construirlos? Si pensamos en que los edificios más altos que se habían realizado hasta aquel momento contaban con seis o siete plantas, son de imaginar los miedos de los trabajadores a la hora de subirse a andamios a cien metros de altura. Pero los rascacielos se construyeron y no fue precisamente por la capacidad de convicción de sus promotores, sino por una solución creativa: se contrató a indios cherokees, familiarizados con las alturas y sin el menor atisbo de vértigo, como nos relata Javier Quintana de Uña, de la Fundación Rafael

Escolá. Además de construir los primeros rascacielos, los indios peruanos nos dieron otra clave: el miedo se puede matizar con la cultura. Cada pueblo y cada persona se caracterizan por un tipo de miedo que varía con el tiempo y con su nivel de conocimientos. Mientras los eclipses atemorizaron a los pueblos primitivos, al interpretarlos como mensajes de los dioses, en la actualidad nuestros temores se reducen a cómo anticiparnos a las catástrofes medioambientales y superarlas (o, por lo menos, intentarlo, como sucedió con el huracán Katrina). La base del miedo es biológica, pero el conocimiento consigue reducir las incertidumbres del medio y modular parte de nuestros temores. Sin embargo, en el mundo empresarial la incertidumbre está a la orden del día, lo que genera miedos más sutiles que la amenaza a la integridad física.

La ignorancia es la madre del miedo.
HENRY HOME KAMES, filósofo (1696-1782)

Un suelo firme, por favor

¿Tiene vértigo? Si es así, tiene una buena excusa: el miedo a la altura está codificado en nuestros genes. Se comprobó en un experimento denominado *precipicio visual*. Se unen dos superficies a determinada altura, una opaca y otra transparente, de forma que esta última parece suspendida en el vacío. Se coloca en el medio de las dos superficies a un bebé de varios meses. ¿Hacia dónde gateará? En la totalidad de los casos hacia la opaca, al igual que otros animales: cachorros de pollos, gatos o monos, todos excepto los acuáticos. Los patos o las tortugas se van de cabeza a la superficie transparente.

Nacemos con miedo a la altura, independientemente de haber vivido una experiencia desagradable o de padecer vértigo.

Sin embargo, la cultura, la educación y los refuerzos positivos son capaces de modular nuestros miedos innatos, como se observó en Nueva York a principios del siglo XX y como se comprobó en una variante del experimento anterior: el 74 por ciento de los niños lograron atravesar la superficie transparente ¡cuando su madre estaba al otro lado sonriendo![2] Una buena noticia para superar los miedos: la confianza nos eleva a las alturas, su ausencia nos sumerge en los temores.

> *Trata a un hombre tal y como es y seguirá*
> *siendo lo que es. Trata a un hombre*
> *como puede y debe ser y se convertirá*
> *en lo que puede y debe ser.*
>
> GOETHE, poeta (1749-1832)

Una vez construidos los primeros rascacielos se presentó un nuevo reto: el miedo se apoderaba de los usuarios, a quienes les incomodaban los interminables trayectos dentro del ascensor. Una vez más, la solución fue creativa. Se empleó una de las herramientas más poderosas para aliviar este tipo de incertidumbres: la música. Los hilos musicales surgieron entonces con el fin de tranquilizar los ánimos y de acostumbrar a las personas a este nuevo concepto de vida. En la actualidad, excepto aquellos que sufren de alguna fobia, no solemos tener reticencias a tomar ascensores o a trabajar en los pisos superiores de los rascacielos (a los que, curiosamente, muchos directivos aspiran). Lo hemos hecho cientos de veces y hemos comprobado que no sucede nada, aunque el 11 de septiembre nos enseñó que siempre existen otros tipos de peligros.

En definitiva, nacemos con unos miedos y desarrollamos otros a lo largo de nuestra vida, pero hemos sido capaces de superar muchos de ellos. Aislar sus efectos es el desafío para las empresas y los profesionales **NoMiedo**.

Los cortocircuitos del cerebro[3]

Santiago Ramón y Cajal, premio Nobel de Medicina en 1906, investigó el cerebro humano y muchos de sus hallazgos siguen vigentes en nuestros días. Pero se equivocó en uno: cuando envejecemos, nuestras neuronas no mueren, sino que desaparecen las conexiones entre ellas. Es la conclusión de las recientes investigaciones realizadas por Michela Gallagher de la Universidad George Hopkins. Las conexiones neuronales o sinapsis nos mantienen vivos y jóvenes (quizá desarrollar nuestro talento sea como aplicar una crema antienvejecimiento a nuestro cerebro). Cuando vivimos situaciones agradables, como estar rodeados de amigos o trabajar en un equipo con el que nos sentimos a gusto, las conexiones neuronales son más fluidas. ¿No se ha sentido en esos momentos más ocurrente en sus comentarios? Sin embargo, las luces de neón se apagan cuando sentimos miedo. Es una emoción capaz de retrasar y bloquear los impulsos eléctricos entre las neuronas. Con miedo somos menos creativos y envejecemos más rápidamente. Mala receta para la longevidad.

De todos modos, hay más hallazgos.[4] El tálamo es la torre de control de nuestro cuerpo, que centraliza las informaciones del medio. Desde ahí se distribuyen los datos a dos sistemas cerebrales:[5] la amígdala, desde donde sentimos, y el neocórtex, desde donde razonamos. Y, curiosamente, la información pasa antes por aquélla que por el neocórtex. Es decir, sentimos antes que pensamos. ¿Qué significa esto? Si en su entorno de trabajo vive amenazas o se siente inseguro con su equipo, la amígdala se pondrá su pasamontañas, secuestrará su talento y no podrá razonar tan brillantemente como lo hace en entornos amigables. Y, lo que es peor, no lo olvidará con facilidad. Otra de las funciones de la amígdala es actuar como memoria emocional. Es la causante de que recordemos perfectamente con qué jefe no queremos trabajar y no recordemos absolutamente nada de aquella conferencia o reunión en la que nos aburrimos soberanamente.

Ninguna pasión elimina tan eficazmente la capacidad de actuar y de razonar de la mente como lo hace el miedo.

EDMUND BURKE, político y filósofo (1729-1797)

Un cerebro con muchos años

Nos vemos obligados a afrontar los retos que nos presenta el mundo posmoderno con recursos emocionales adaptados al pleistoceno.

DANIEL GOLEMAN, autor de *Inteligencia emocional*

Imagínese conduciendo por una carretera (de las de verdad, no las del anuncio de BMW). Al salir de una curva cerrada ve un coche en sentido contrario invadiendo su carril. Peligro, riesgo de accidente. El tálamo ha identificado la información y la enviará a través de dos circuitos: uno corto, que llega a la amígdala, y otro más largo, dirección neocórtex. En milésimas de segundo la amígdala se erigirá como la capitana del gabinete de crisis. Desde ahí, comenzará a enviar órdenes al resto del cuerpo.

El corazón será uno de los primeros afectados. Bombeará más rápido para transportar más oxígeno. La circulación sanguínea también se reorganiza. La sangre que circula por la piel y las vísceras se redirige al cerebro y a los músculos, para pensar más rápido y movernos con mayor celeridad. Es el motivo por el que uno se queda pálido o sale corriendo como Ben Johnson sin necesidad de dopaje. Las pupilas se dilatan para ver mejor y la sangre aumenta su capacidad de coagularse, por si se produjera alguna herida. Ciertas glándulas entran en juego: las localizadas en la parte inferior del cerebro y las suprarrenales, ubicadas sobre los riñones, con el fin de generar adrenalina y noradrenalina. Estas últimas son las hormonas del estrés, responsables de estimular los sentidos y causantes de que más de uno disfrute con las películas de terror y con las montañas rusas de los parques de atracciones... El cuerpo continuará su baile hormonal en cuestión de segundos sin que usted sea consciente de que ha sentido miedo. Y todo ello gracias a nuestra evolución biológica.

> *Vivimos como en el pasado, como hace 50.000 años, dominados por las pasiones y los impulsos de bajo nivel. No estamos controlados por el componente cognitivo, sino por el componente emocional.*
>
> RITA-LEVI MONTALCINI, premio Nobel de Medicina en 1986

El consejo de las cebras

> *Construimos desde las entrañas, no desde el cerebro.*
>
> PILAR GÓMEZ ACEBO, vicepresidenta de la Confederación
> Española de Directivos y Ejecutivos

Somos diferentes de las cebras, de eso no hay duda. Pero no sólo por motivos obvios, hay más: ellas no tienen estrés, según Robert Sapolsky, profesor de la Universidad de Stanford. Estos animales pasan auténtico terror cuando saben que están al alcance de un depredador. Entonces son presas de tremendas reacciones hormonales que les hacen salir corriendo (curiosamente, más rápido que otras cebras, no que el felino). Pero hasta que no intuyen al depredador, están tranquilamente pastando sin elucubrar qué harían si vieran una leona.

¡En eso somos diferentes! El miedo es posiblemente la emoción que más ha contribuido a nuestro proceso evolutivo. Pero también estamos pagando un alto precio. ¡Llevamos demasiados años viviendo en las cavernas y muy pocos en las ciudades! Se activa sin necesidad de que haya un riesgo inminente para nuestra integridad física, es suficiente con que creamos que no cumpliremos los objetivos de ventas o que no podremos pagar la hipoteca. En definitiva, cuando imaginamos situaciones futuras que nos angustian. Y somos grandes expertos en imaginar. Este ejercicio, que en algunos momentos puede ser bueno para planificar, en otros sólo sirve para activar el baile hormonal del miedo e introducirnos en el agotador camino del estrés.

El estrés y el cáncer, grandes amigos

> *Cuando el hombre se vaya de este mundo, la naturaleza quedará ahí.*
>
> HANS SELYE, médico y precursor del estudio del estrés
>
> (1907-1982)

¿Tiene estrés en su trabajo? Tranquilo/a. Pertenece al 10 por ciento de la población adulta mundial que sufre este problema, según un informe de la Organización Internacional del Trabajo (OIT). La cifra se eleva considerablemente en los países industrializados. Se calcula que en Estados Unidos el 43 por ciento de los profesionales sufren sus efectos y que un millón de trabajadores se ausentan diariamente del trabajo por este problema.[6] Parece que será la enfermedad estrella del siglo XXI.

Cuando el estrés persiste, los corticoides hacen su aparición estelar. Se han ganado a pulso su nombre: las hormonas del miedo. En dosis pequeñas son saludables. Sin embargo, de forma continuada afectan a nuestro sistema inmunitario haciéndonos más propensos a contraer cáncer, favorecen la aparición de complicaciones cardiovasculares y resultamos menos eficaces sexualmente...[7] Es uno de los motivos por el que algunas parejas que durante años no consiguieron tener hijos, al poco tiempo de adoptar uno se queden «embarazadas». Fecundidad y estrés, mal tándem.

Monos trajeados con miedo

En 1860, en un debate público, el obispo de Oxford, Samuel Wilberforce, le preguntó al biólogo Thomas Henry Huxley, uno de los mayores defensores de la teoría de la evolución: «Acerca de su creencia de que desciende de un mono, ¿procede esta ascendencia del lado de su abuelo o del de su abuela?».

Hemos *evolucionado* mucho desde aquel entonces, aunque en el año 2000 en los estados de Alabama y Oklahoma obligaran a poner pegatinas en los libros de biología afirmando que la teoría de Darwin era meramente una posibilidad.[8] Gracias a nuestra evolución, poseemos un aparato instintivo muy perfeccionado en el que se codifican las emociones. Si se encuentra con un león en plena calle no se parará a pensar si nació en la sabana o en el zoológico. El miedo le hará salir corriendo y punto. Las emociones son respuestas antiquísimas de nuestro cerebro, que nos han ayudado a llegar hasta aquí como especie dominante (y, de paso, a poner en peligro de extinción a otras).

Las emociones desempeñan un papel vital en nuestra vida, nos unen como personas, determinan nuestra calidad de vida y están presentes en cualquier relación. Pueden salvarnos o causar verdadero daño.

PAUL EKMAN, profesor de la Universidad de California,

San Francisco

¿Todos tenemos miedo? Categóricamente sí, siempre y cuando no hayamos sufrido ninguna lesión cerebral. El miedo, la tristeza o la alegría son emociones denominadas «básicas». Es decir, todos los mamíferos las poseemos, ya se trate de un niño de Guatemala, de un ejecutivo de Tokio o de un chimpancé. Pero no son las únicas. La vergüenza, la timidez, el desprecio o la culpa son emociones no básicas o sociales. Se trasmiten culturalmente y son las responsables de que a veces deseemos meternos debajo de una mesa por vergüenza ajena cuando vemos a alguien hacer el ridículo.

> *Todo nuestro conocimiento*
> *tiene su origen en los sentimientos.*
> LEONARDO DA VINCI (1452-1519)

¡Gracias a las emociones somos más inteligentes! (aunque dicha afirmación pudiera suponer una herejía para Descartes y su séquito cartesiano). Antonio Damasio, profesor de Neurología de la Universidad de Iowa, ha demostrado que los pacientes que tienen lesiones en la zona del cerebro que alberga las emociones son incapaces de tomar una decisión no basada estrictamente en el razonamiento, como escoger el tipo de pan durante un almuerzo o el color de un traje... Todas las emociones básicas tienen un porqué (tabla 2): el miedo es necesario para protegernos de las amenazas, y la alegría lo es para repetir actividades placenteras. Y, además, las emociones están interrelacionadas, al menos según la Medicina Tradicional China.[9] Mientras que el miedo lo asocian al agua y lo ubican en los riñones, a la alegría la relacionan con el fuego –situada en el corazón– y a la ira con la madera –vinculada al hígado–. El exceso de agua dicen que apaga el fuego –la alegría–, y nutre en exceso la madera, generando ira... Una bonita forma de explicar las conexiones emocionales, lejos de tratarse de un cuento chino.

Emoción	¿Para qué sirve?
MIEDO	Protege de peligros reales o posibles.
ALEGRÍA	Nos anima a repetir aquello que nos hace sentir bien.
SORPRESA	Ayuda a orientarnos ante una nueva situación.
AVERSIÓN	Produce rechazo hacia aquello que no nos gusta.
IRA	Induce hacia la destrucción.
TRISTEZA	Facilita el proceso de dolor, permitiendo aceptar la pérdida.

Tabla 2. Emoción, te necesito[10]

Estamos tristes porque lloramos.

WILLIAM JAMES, filósofo y psicólogo (1842-1910)

DR. JEKYLL (MIEDO EQUILIBRANTE), MR. HYDE (MIEDO TÓXICO)

¡Necesitamos el miedo! En la medida que nos ayuda a protegernos de los peligros y nos da ciertas dosis de prudencia para no decir lo que realmente pensamos a nuestro jefe o abandonar nuestro trabajo sin otra opción laboral (aunque muchos jueguen a la lotería para permitirse el lujo de poder hacerlo algún día). El miedo, por tanto, *equilibra* ciertos impulsos que tenemos desde muy pequeños. Los padres juegan un papel esencial en su transmisión. Educan a sus hijos para que no se asomen demasiado a una ventana, no jueguen con los enchufes o respeten a los profesores (esto último no está muy claro). En definitiva, necesitamos el miedo equilibrante para ser prudentes. Ya lo decía Aristóteles: la prudencia es la virtud práctica de los sabios.

*† Sin embargo, este tipo de miedo, el *equilibrante* (de hacer alguna tontería, podríamos añadir), deja de ser positivo cuando nos paraliza y nos impide poner en juego todo nuestro potencial. Es entonces cuando se convierte en *miedo tóxico*. Y éste, sin lugar a dudas, no sólo es innecesario sino que, además, nos perjudica a nosotros y a nuestras empresas. El uso del miedo tóxico tiene un alto precio en la cuenta de resultados y en nuestra felicidad, pero, desafortunadamente, está a la orden del día.

	Miedo equilibrante	Miedo tóxico
PRINCIPAL CUALIDAD	Positivo para nuestros intereses. Tiene una base evolutiva.	Destructivo para nuestros intereses. No contribuye a nuestra evolución.
EFECTOS	Nos protege ante peligros.	Frena nuestro talento. Nos vacía de futuro.
DURACIÓN	Puntual.	Prolongado en el tiempo.

Tabla 3. Diferencias entre *Dr. Jekyll (miedo equilibrante)* y *Mr. Hyde (miedo tóxico)*

El miedo equilibrante y el tóxico están íntimamente relacionados. Podríamos decir que se trata de un mismo actor interpretando los dos personajes más universales de la novela de Stevenson: el doctor Jekyll (miedo equilibrante) y mister Hyde (miedo tóxico). Ambos nacen de la misma emoción —el personaje del médico, siguiendo con el ejemplo novelesco—. El tóxico es una deformación del equilibrante. Todos tememos perder el afecto de nuestros seres queridos (miedo equilibrante), pero condicionar nuestro comportamiento día tras día para obtener la aprobación de quienes nos rodean es miedo tóxico. Y las consecuencias de ambos tipos de miedo son bien distintas, tanto en la novela como en la vida real.

El miedo [tóxico] es una emoción que puede
alcanzar grados de alta intensidad y se mueve junto
a la ansiedad y la angustia, modificando sustancias
en el organismo y produciendo numerosos
fenómenos psicosomáticos.

RAMIRO CALLE, autor de *Los afectos*

¿Qué diferencias hay entre el miedo equilibrante y el tóxico? La más importante es su efecto. Cuando el miedo equilibrante se deforma en tóxico, entra en escena mister Hyde, asesinando nuestras capacidades. Nos deja vacíos de futuro. Es un freno a nuestro talento y al de otros si tenemos responsabilidades directivas. El equilibrante, por el contrario, es inocuo respecto al desempeño. Otra diferencia es su duración. El miedo tóxico no tiene fecha de caducidad (sin necesidad de conservantes ni colorantes), quien lo sufre se ve afectado por él en una gran parte de sus decisiones y comportamientos, tanto en su trabajo como fuera del mismo. El equilibrante, sin embargo, sólo hace su «aparición estelar» en momentos puntuales. La diferencia es sutil, pero los resultados de traspasar la delgada línea roja no lo son en absoluto. Y, desgraciadamente, cuando una empresa emplea el miedo como forma de gestión, pulsa el interruptor de nuestro miedo equilibrante y lo convierte en mister Hyde.

ALGUNAS CLAVES SOBRE EL MIEDO BAJO EL MICROSCOPIO

- **Todos para uno y uno para todos:** todos tenemos miedo. Es una emoción básica, que compartimos con el resto de mamíferos. Se activa cuando percibimos amenazas

- **No es hijo único:** el miedo conforma una familia de emociones, que comprenden desde el estrés, la angustia o el malestar temeroso, hasta la fobia, el pánico o el sobresalto.

- **¿Se nace o se hace?** Nacemos con miedos innatos, desarrollamos otros y superamos unos cuantos gracias al refuerzo positivo y a la experiencia.

- **No es algo inventado:** el miedo es producto de nuestra evolución. Tiene un porqué, nos hace más inteligentes y se alberga en el sistema límbico de nuestro cerebro, fundamentalmente.

- **Siento antes que pienso:** la información del medio se filtra antes por el sistema límbico que por el neocórtex. Si tenemos miedo, somos incapaces de razonar brillantemente.

- **Cortocircuitados:** con miedo somos menos creativos y envejecemos más rápidamente. Crea cortocircuitos en las conexiones neuronales.

- **Baile hormonal:** el miedo activa un baile hormonal en nuestro cuerpo, generando adrenalina, noradrenalina –hormonas del estrés– y corticoides –hormonas del miedo–, por las que llegamos a contraer enfermedades.

- **Dr. Jekyll (miedo equilibrante) y mister Hyde (miedo tóxico):** el miedo equilibrante es sano, lo necesitamos. El miedo tóxico mata el talento de los profesionales y la cuenta de resultados de las empresas. Los dos están relacionados, pero sus efectos son bien distintos.

MIEDOS A LA CARTA

LA GUERRA DE LAS GALAXIAS EN LAS EMPRESAS

Hace mucho, mucho tiempo, en una galaxia
muy lejana...

Así comienza una de la serie de películas de mayor éxito en la industria del cine: *La guerra de las galaxias*. La primera parte se estrenó en 1977 y durante veinte años fue la más taquillera en Estados Unidos, hasta que *Titanic* le "ahogó" el puesto. *La guerra de las galaxias* es un claro ejemplo de talento aplicado al cine: por la eficacia del marketing «hollywoodiense» –sin duda, el mejor– y por el acierto del director en la elección de la historia. George Lucas escribió un guión en el que un jovencísimo Skywalker se enfrentaba a las fuerzas adversas encabezadas por Darth Vader, ataviado con una de las máscaras más vendidas en carnavales. Sin embargo, la base del argumento de *La guerra de las galaxias* no es ninguna novedad. Se trata de una ingeniosa adaptación de leyendas clásicas en las que el héroe tiene que luchar contra el mal. Y con este argumento es indiferente que los personajes vengan del pasado, como el rey Arturo o Merlín, o del futuro, como R2-D2 o el peludo Chewbacca.

Lo que da forma a la rosa son las espinas.
Proverbio sufí

Dos caras de una misma moneda

Todo héroe necesita la réplica de un antihéroe, como Skywalker y Darth Vader. Cuanto más fuerte y valiente sea el primero, más poderoso será su contrario. Así sucede también en el pensamiento oriental (el yin y el yang), en la religión (Cielo e Infierno) o en la mitología (dioses buenos y malos). ¿Y cuál es la fuerza complementaria al miedo? La motivación, sin duda. Miedo y motivación serían las dos caras de una misma moneda. Nacen de las mismas necesidades individuales, conviven juntas, pero tienen características bien diferentes. *La motivación nos mueve a conseguir un fin; el miedo nos moviliza para evitar una amenaza.* Mientras la motivación es seductora y los directores generales la mencionan a menudo, el miedo está en el orfanato de los discursos. En el ejemplo de *La guerra de las galaxias*, Darth Vader personificaría al miedo vestido de negro, mientras que Skywalker representaría la motivación, cómo no, de blanco. Sin embargo, los dos son esenciales para entender los comportamientos de los profesionales en las organizaciones. Y quedarnos sólo con la motivación es perdernos parte de la *película*.

No subestimes el poder de la fuerza.
La guerra de las galaxias, 1977

Cinco miedos para cinco motivos

El miedo es mi compañero más fiel, jamás me ha engañado para irse con otro.
WOODY ALLEN, actor, director y escritor estadounidense

...Sin embargo, ese compañero tiene varias caras. Cada uno de nosotros tiene uno o varios tipos de miedo e incluso el mismo miedo puede ser percibido de forma distinta según quien lo sienta. Una muestra más de nuestra complejidad. A pesar de ello, podemos identificar cinco grandes grupos, basándonos en las tipologías de la motivación.

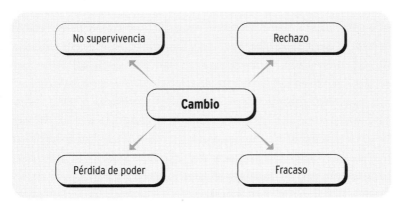

Figura 2. Principales tipos de miedo

Qué nos motiva	Definición
LOGRO	Alcanzar un estándar de excelencia, superarse a sí mismo/a.
AFILIACIÓN	Generar buenas relaciones con las personas.
PODER O INFLUENCIA	Influir en los demás. Dos tipos: **personalizante**, lograr el propio beneficio; **socializante**, lograr beneficio del grupo.

Tabla 4. Lo que nos motiva en el trabajo

¿Qué nos motiva en el trabajo? No es una respuesta fácil. De hecho, existen multitud de teorías que intentan explicar la motivación, pero quizás una de las más aceptadas es la propuesta por David McClelland. Según este profesor de la Universidad de Harvard, tenemos tres tipos de motivos que explican nuestro comportamiento en el trabajo: logro, afiliación y poder o influencia (tabla 4). Pero los motivos anteriores son sólo una cara de la moneda. En la otra cara se oculta nuestro miedo. Alguien muy orientado al logro probablemente huirá del fracaso. A aquel que necesite sentirse integrado en el grupo le aterrará el rechazo o la soledad. A quien le motive influir, la pérdida de poder le provocará su peor pesadilla. Por supuesto, son casos extremos. A los miedos anteriores les tenemos que añadir otros dos igual de importantes: a la no supervivencia (no llegar a fin de mes) y al cambio.

Los cinco tipos de miedos están íntimamente relacionados y son grandes cajones de sastre donde se guardan muchos otros temores (tabla 5). Todos ellos son equilibrantes, en la medida que nos ayudan a continuar en una empresa, pero cuando perjudican nuestro talento actúan como tóxicos. Ya lo dijimos, el doctor Jekyll puede transformarse en el terrible mister Hyde y acabar con la cuenta de resultados y nuestra felicidad.

Miedo principal	Motivación asociada	Algunos miedos derivados
A LA NO SUPERVIVENCIA	Necesidades básicas	Miedo a perder el trabajo. Miedo a no llegar a fin de mes...
AL RECHAZO	Afiliación	Miedo a ser distinto. Miedo al éxito o a destacar. Miedo a relacionarse con las personas...
AL FRACASO	Logro	Miedo al error. Miedo a asumir riesgos. Miedo a tomar decisiones. Miedo a no ser reconocido por el trabajo...
A LA PÉRDIDA DE PODER	Poder - Influencia	Miedo a perder un puesto de influencia. Miedo a no ser reconocido socialmente...
CAMBIO	Todas las anteriores	Miedo a un cambio de función. Miedo a un cambio de localización...

Tabla 5. A cada motivo, su miedo

Dime qué te motiva y te diré qué miedo despiertas

El orden del universo está basado en la complementariedad de los conceptos antagónicos.

VENTURA RUPERTI y JORDI NADAL, autores de *Meditando el Management*

¿Cuál es nuestro miedo más importante? Como suele suceder, depende de muchos factores: edad, posición en la jerarquía, crecimiento personal... Mientras que a un obrero no cualificado le preocupará cómo llegar a fin de mes, a un directivo de empresa le inquietará perder su tarjeta de visita y todo lo que eso conlleva (Audi, Visa de empresa...). Aunque a pesar de ello, tanto el obrero como el directivo de primer nivel seguramente compartirán varios de los miedos que aquí mencionamos. Nadie se escapa, ni siquiera los maestros budistas, que suelen decir:[11]

Muy pocas veces no tenemos miedo. Sólo cuando sentimos pánico.

Y si ellos lo dicen... Pero hay más, cada uno de nosotros acumulamos varios temores al mismo tiempo. Nuestro obrero puede estar preocupado por no influir en sus compañeros y nuestro directivo por ser rechazado por sus amigos. Sin embargo, si tuviéramos que seleccionar el miedo estrella en las empresas, el premio se lo llevaría el miedo al fracaso. Al menos éste fue el resultado de un estudio realizado sobre 185 mandos medios y directivos (figura 3). Y es lógico, las compañías actúan en función de objetivos y no alcanzarlos suele implicar consecuencias poco deseables.

Sin enbargo, los resultados del estudio encierran datos aún más curiosos. Se hizo en España. No es sorprendente, por tanto, que el miedo al rechazo tenga tanta importancia. Y tampoco es llamativo que el miedo a la pérdida de poder sea el menos votado. ¿Acaso no existe? ¿No nos gusta influir en los demás? En una cultura afiliativa como la nuestra produce una cierta alergia decir que nos motiva mandar. En definitiva, si al hablar de la motivación, la cara seductora de la moneda, no parece que seamos demasiado sinceros, ¿podremos serlo al hablar del miedo?

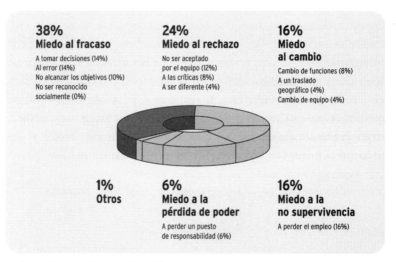

38%
Miedo al fracaso
A tomar decisiones (14%)
Al error (14%)
No alcanzar los objetivos (10%)
No ser reconocido
socialmente (0%)

24%
Miedo al rechazo
No ser aceptado
por el equipo (12%)
A las críticas (8%)
A ser diferente (4%)

16%
**Miedo
al cambio**
Cambio de funciones (8%)
A un traslado
geográfico (4%)
Cambio de equipo (4%)

1%
Otros

6%
**Miedo a la
pérdida de poder**
A perder un puesto
de responsabilidad (6%)

16%
**Miedo a la
no supervivencia**
A perder el empleo (16%)

Figura 3. ¿A qué le tengo miedo?[12]

Y no sólo se trata de conocer nuestros propios miedos, también es importante identificar los temores que nosotros despertamos. ¿Persona brillante en un equipo muy competitivo? Puede encender el temor al fracaso de los demás o el miedo a la supervivencia de quien no está seguro en su puesto. Actitudes como ocultar información, boicotear ciertos proyectos, crear reinos de taifas... tienen su explicación en nuestro querido miedo.

Redoble de tambor, momento de la verdad. Ha llegado la hora de preguntarnos ¿qué tipo de miedos tenemos y cuáles despertamos?

PRIMER MIEDO: NO LLEGAR A FIN DE MES

Aquel que más posee, más miedo tiene de perderlo.

LEONARDO DA VINCI (1452-1519)

¿Ha deseado alguna vez dejar de ir a trabajar? Si pertenece al género de los mortales seguro que alguna. Si así ha sido y ha renunciado a tal hazaña, por su cabeza pueden haber pasado los recibos de la hipoteca, del colegio de los niños o del automóvil, entre otros. Los motivos se corresponden con el miedo más básico: miedo *a la no supervivencia* (o a no llegar a fin de mes, en terminología de andar por casa). Es un miedo que nace de nuestra parte instintiva. Al igual que los animales defienden su comida, nosotros necesitamos proteger aquello que nos permite tener cobijo o alimento. Por ello, el porcentaje de úlceras y depresiones se dispara en períodos de crisis económica con pocas alternativas (o ninguna) para encontrar otro empleo.

Cuando la hipoteca entra en nuestras vidas

Si no desea sufrir el miedo a no llegar a fin de mes, existen varias alternativas (legales, aunque no sabemos si factibles): entrar en el túnel del tiempo, retroceder al pasado y borrar de un plumazo el matrimonio, la hipoteca y los hijos, para carecer de cargas económicas; que le toque la lotería si juega o... tener un talento deseado por el mercado. Por supuesto, existen muchas otras opciones que no hemos mencionado, una de las más pragmáticas es limitar las ambiciones materiales de modo que se vean satisfechas con cualquier empleo. Es el estilo de vida que han elegido algunas personas en Australia, Nueva Zelanda o Estados Unidos, que trabajan seis meses y se dedican a viajar el resto del año al estilo *Pequeño Saltamontes*... Sin duda algo chocante para los que estamos sometidos a la esclavitud del reloj.

43

La ausencia de cargas económicas ayuda considerablemente a quitarse ese miedo de encima. Y esta situación la vive un sinfín de jóvenes en todo el mundo. Sólo el 19 por ciento de los españoles entre 18 y 29 años se van de casa de sus padres.[13] Sobra decir las consecuencias sociales que ello acarrea.

Cuando compramos una casa, las cosas cambian. Pero el endeudamiento no es el único responsable de acentuar este miedo. La cigüeña también contribuye. Cuando los hijos llegan, las responsabilidades se multiplican por dos, por tres o por los que sean. Ya no sólo hay que temer por uno mismo, sino por la familia. Y ya no digamos si usted se divorcia y tiene que mantener dos casas. Se enfrentará al número circense del «más difícil todavía». Es el motivo por el que las personas con cargas familiares y sin demasiadas opciones de cambiar de trabajo tienden en general a ser más prudentes (o menos libres) ante determinadas decisiones, como enfrentarse a la dirección o apoyar la creación de un sindicato.

¿Y cómo reconocer el miedo a no llegar a fin de mes? Es suficiente con preguntar a la almohada. Cuando los números de gastos e ingresos no cuadran, las noches parecen más largas que nunca y las conversaciones con personas de confianza se incrementan considerablemente. ¿Y cómo reconocerlo dentro de la empresa? Este miedo está asociado a la «empleabilidad», es decir, a las posibilidades que uno tiene de ser contratado en otra organización. O mejor aún, tiene que ver con el talento deseado.

El talento elige, no la empresa.

Luis Carlos Collazos,
director de Recursos Humanos de Hispasat

Exentos del miedo

Si veinte personas concretas dejaran Microsoft,
la empresa quebraría.

BILL GATES, cofundador de Microsoft

... No estaría mal que el mismísimo Gates le considerara parte de los veinte. Pero Microsoft tiene más de 50.000 empleados y es de suponer que no todos tienen el mismo poder que la veintena de elegidos, ni el mismo sueldo, ni el mismo reconocimiento en el mercado. El talento reduce el miedo a no llegar a fin de mes, y las personas con posibilidades de cambiar de empleo suelen ser menos sensibles a él. Quien sabe que su talento es también deseado por otras empresas tiene a veces esas dosis de orgullo y valentía que le hace ser menos vulnerable a la amenaza del despido. Quizás ése sea uno de los problemas para dirigirlos; pueden cuestionar lo establecido, hecho que se da de bruces con las inseguridades de ciertos jefes o compañeros. Pero este tipo de talento es escaso y aun así personas brillantes y reconocidas por el mercado no se libran de sufrir otros miedos que veremos más adelante.

Un caso aparte son los funcionarios. Si no tuvieran contratos de por vida, ¿cuántos hubieran elegido trabajar en la Administración? Sus contratos actúan como aislante contra este tipo de miedo. Por supuesto, se ven afectados por otros temores. Viven situaciones muy complejas debidas a la rigidez del sistema y sus salarios no son muy generosos. De hecho, es uno de los colectivos más perjudicados por depresiones crónicas y el que más bajas se toma por esa enfermedad... Aunque me decía un amigo malicioso que otra lectura sería la de que, desgraciadamente, sólo el funcionariado puede tomarse dichas bajas sin asumir el riesgo de recibir la carta de despido al día siguiente de reincorporarse a su puesto de trabajo.

Termómetro del miedo a la no supervivencia

Si la relación laboral tradicional, es decir,
para toda la vida, era como un matrimonio,
la nueva relación es como una serie de divorcios
y nuevas nupcias continuadas.

PETER CAPELLI, autor del libro *El nuevo pacto en el trabajo*

Las cifras estimadas de trabajadores estadounidenses afectados por una reducción de plantilla desde 1980 hasta 1995 varían de un cálculo mínimo de trece millones a la espectacular cifra de treinta y nueve.[14] No está mal para un mercado laboral estimado en ciento treinta millones de personas. Se calcula que el número de empresas que subcontrataron parte de su fabricación (con los consiguientes despidos) se triplicó entre 1998 y 2000.[15] Globalización de mercados, deslocalización de fábricas, fusiones, cambios en la dirección... ¡Bienvenidos a situaciones que activan el miedo a la no supervivencia! No es de extrañar que el concepto tradicional de compromiso esté en crisis, ni tampoco que aumentemos el tiempo *haciendo pasillos* cuando desconocemos lo que nos espera. Si percibo amenazas de perder lo que tengo, el miedo a la supervivencia puede actuar como una soga que nos estrangulará dependiendo de:

• Lo vulnerable que seamos a perder el trabajo.
• La dificultad de encontrar otro empleo.
• Las necesidades económicas.
• El tipo de educación recibida.

Si alguno de los factores anteriores pesa demasiado, el miedo actuará como torniquete. Entonces el riesgo del despido se convierte en la espada de Damocles que pende sobre la casa recién comprada, el automóvil o el colegio de pago. Y dicho miedo favorece la aparición de determinados comportamientos, como el que responde al dicho de que *el conocimiento es poder*: "Si comparto lo que sé, dejaré de ser imprescindible y podrán despedirme. Mejor me lo guardo aunque perjudique a la empresa". Es humano, pero también es la peor manera de desarrollar nuestro potencial y, paradójicamente, se vuelve contra nosotros mismos. Cuanto menos damos, menos recibimos. Y cuanto menos recibimos, más vulnerables somos a quedarnos obsoletos y a ser prescindibles. En otras palabras, ese tipo de actitudes en vez de protegernos del miedo nos empujan a sus brazos. Es un terrible círculo vicioso que las empresas y las personas **NoMiedo** deberían romper.

En definitiva, el miedo a no llegar a fin de mes es el miedo asociado al no tener o, mejor dicho, a perder lo que ya se posee. Y a usted, ¿qué le da miedo perder?

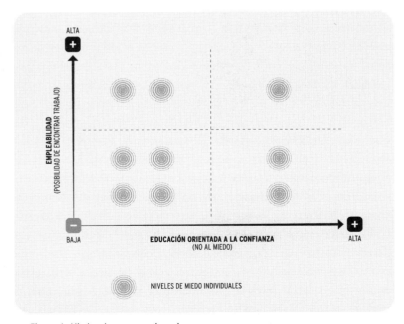

Figura 4. Miedo a la no supervivencia

SEGUNDO MIEDO: ¡NECESITO QUE ME QUIERAN!

El hombre es un animal social por naturaleza.
ARISTÓTELES (384-322 a. C.)

Vivir el efecto Asch

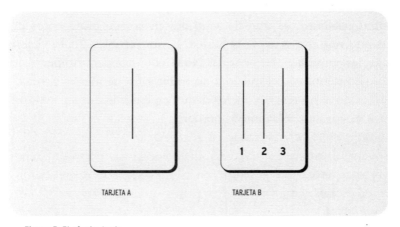

Figura 5. El efecto Asch

Fíjese por un momento en las dos tarjetas de la figura 5. ¿Qué línea de la tarjeta B cree que se parece más a la de la tarjeta A? Si no tiene problemas de vista, probablemente elegirá la número 3. Pero si estuviera dentro de un grupo y todos los demás escogieran la línea 2, ¿mantendría su respuesta? El 80 por ciento de los jóvenes cambiarían de opinión. Es el resultado de un experimento realizado por el psicólogo social Solomon Asch con estudiantes universitarios estadounidenses. Se pedía a un estudiante que saliera de clase con cualquier excusa y, mientras, el resto se confabulaba con el profesor para escoger la línea 2 como respuesta correcta; cuando volvía, sólo el 20 por ciento de los casos se decantaba por la opción correcta.[16] El experimento se realizó en Japón y Alemania y arrojó cifras igualmente escandalosas. Motivo: la presión del grupo, las inseguridades individuales y el temor que subyace de fondo, el **miedo al rechazo**. Por cierto, el efecto Asch, que así se denomina, también afecta a las empresas. Puede que no sea tan evidente como en el ejercicio de las líneas de tarjetas, pero ¿cuántas veces hemos cambiado nuestra posición cuando el resto mantiene opiniones contrarias? Si le ha ocurrido, ya sabe, ha sido víctima del efecto Asch.

Tú y yo no somos más que una sola cosa:
no puedo hacerte daño sin herirme.

MAHATMA GANDHI (1869-1948)

Un mal equipo para Vietnam

Personas inteligentes a veces toman decisiones poco afortunadas. Así parece que sucedió con el presidente norteamericano Johnson y su equipo en la guerra de Vietnam. El fracaso de determinadas decisiones en el conflicto bélico animó a Janis, profesor de la Universidad de Yale, a analizar por qué había sucedido. Lo bautizó como *pensamiento grupal*. Se da en equipos muy cohesionados, sobre todo si tienen un ideal común (o una misión «cuasi divina», como ha debido de creer más de un presidente de Estados Unidos). El pensamiento grupal se alcanza cuando todos piensan de la misma manera, y nadie propone alternativas. Es decir, si creían que había que continuar en Vietnam, nadie proponía lo contrario. No es que no lo pudieran decir, es que ni tan siquiera estaba permitido pensarlo. Sus consecuencias son muy perniciosas: adiós a las alternativas, adiós a los expertos que opinen lo contrario, adiós a otra forma de entender la información. Como dirían Ridderstråle y Nordström, el pensamiento grupal te hace vivir un *momento karaoke* imitando a Frank Sinatra, sin ser tú mismo.

49

El instinto social de los hombres
no se basa en el amor a la sociedad, sino
en el miedo a la soledad.

ARTHUR SCHOPENHAUER, filósofo (1788-1860)

El telón de fondo del efecto Asch o del pensamiento grupal es el miedo al rechazo. Todos necesitamos sentirnos parte de un grupo, ya sea amigos, empresa, equipo de fútbol o marca de cerveza. Necesitamos *el calor del establo*, como dijo Nietzsche. Compaginamos la pasión de sentirnos diferentes con la de identificarnos con un grupo o una *tribu*. Y este miedo tiene una finalidad biológica. La cría del ser humano es la más desvalida de todo el reino animal. Mientras que un potrillo necesita sólo unas horas para andar, nosotros necesitamos meses de constante apoyo y paciencia de nuestros pobres padres. No estamos preparados para valernos solos. El hueco que ha dejado en nosotros la evolución lo rellena la cultura. Como dice el sociólogo Cristóbal Torres: «Un lobo educado entre personas sigue siendo un lobo. Un niño educado entre lobos se comporta como un lobo». Y la cultura se adquiere mediante la interacción con otros. Quedarse solo no es algo demasiado halagüeño para la mayor parte de las personas (ermitaños aparte). El miedo al rechazo, por tanto, tiene una base equilibrante, que se proyecta directamente en las empresas o en los estadios de fútbol.

Los hombres no pueden vivir si carecen de formas
de cooperación mutua.

ERICH FROMM, filósofo (1900-1980)

Cuando ser el elegido es un desastre

Imagínese una editorial de prestigio. Al mejor comercial lo nombran jefe y le amargan la vida. Y no porque le disguste ganar más dinero o tener en su tarjeta el título de director, sino porque deja de pertenecer al *grupo*. Sus antiguos compañeros, aquellos con los que se iba de copas en las convenciones, lo tratan de forma distinta. Se ha convertido en el jefe. Tiene que exigirles resultados, asumir el papel del malo de la película e, incluso, despedir a alguno porque se lo pide la alta dirección. En sus añorados tiempos de comercial, su fortaleza se basaba en la capacidad de trato con la gente. Una persona afiliativa, empática, que conseguía seducir a sus clientes con las excelencias del producto.

Su principal ventaja se había convertido en su principal problema. Su motivación afiliativa y su orientación a las personas escondía un miedo más silencioso, el del rechazo. Y ahora, desde una posición de mando, se hacía más evidente. Es un caso real que terminó como es de suponer: dimitió. Y es un ejemplo de tantas otras historias que explican por qué muchos mandos medios no desempeñan adecuadamente la labor de dirigir a antiguos compañeros. «Dejaron de llamarme para tomar el café juntos», comentó apenado el jefe de enfermería de un hospital. El miedo al rechazo lleva a veces implícito el temor al éxito o a ser percibido como distinto. *Ser el elegido* resulta el peor favor que se les puede hacer (aunque quizá muchos de ellos lo ignoren).

Yo latino, yo afiliativo

La religión o el nacionalismo, así como cualquier otra costumbre o creencia, por más que sean absurdas o degradantes, siempre que logren unir al individuo con los demás, constituyen refugios contra lo que el hombre teme con mayor intensidad: el aislamiento.

ERICH FROMM, filósofo (1900-1980)

Si seguimos la lógica de Fromm, podemos concluir que las empresas también actúan como refugios para luchar contra el aislamiento. Trabajar en una gran corporación alivia muchas soledades y, lo que es peor, da sentido a la vida de muchas personas. Seguro que conoce más de un ejemplo. ¿Y quiénes son los más esclavos del miedo al rechazo? Los que más necesitan pertenecer a un grupo. Es decir, los que tienen una motivación más afiliativa o los que se refugian en el grupo de la soledad de la que todos huimos.

Y ahora vamos con un dato importante para el mundo latino: nuestra cultura nos orienta a buscar la armonía entre las personas, a diferencia del mundo anglosajón, más centrado en el logro. Es decir, uno de nuestros mayores miedos culturales es el rechazo social. Y se observa en el pánico escénico que algunos tienen a hablar en público. Nicholas Negroponte dio una conferencia en una escuela de negocios de Madrid y al abrirse el turno de preguntas se hizo un silencio sepulcral. Nadie preguntó. Si hubiera habido algún valiente, el resto de los asistentes posiblemente le habrían seguido. Negroponte tuvo que irse con esa decepcionante sensación que queda en estos casos: o lo han entendido todo perfectamente... o no han entendido nada.

La sensación de ridículo, tan acusada en las culturas latinas, se debe también a este miedo. De no ser así, estadounidenses y japoneses parecerían extraterrestres, ya que, a diferencia de nosotros, no muestran ningún reparo en participar en juegos callejeros delante de extraños o en cantar en un karaoke con escasas dotes artísticas y sin una gota de alcohol en la sangre. Algo impensable para una gran parte de los latinos, siempre bajo el paraguas de nuestra querida *falsa modestia* y tan preocupados del qué dirán.

Yo soy yo y mi circunstancia, y si no la salvo a ella
no me salvo a mí.

JOSÉ ORTEGA Y GASSET, filósofo (1883-1955)

Y ya no hablemos de cuando éramos jóvenes. Este miedo nos paralizaba completamente. La mayor parte de los estudiantes de primer año de las universidades públicas españolas con más de sesenta alumnos por aula apenas realizan preguntas al profesor. Y no es porque no lo deseen, sino por la presión del grupo. Destacar está mal visto y quien lo hace puede ser objeto de las críticas del resto de sus compañeros. Este comportamiento está en las antípodas de lo que ocurre en otras culturas, como la de Estados Unidos. Allí el profesor se presenta el primer día de clase y tras una breve presentación de la asignatura lanza un cortés: «¿Alguna pregunta?». Probablemente se encontrará con un 70 por ciento de manos levantadas para plantear todo tipo de cuestiones (eso sí, algunas de lo más peregrinas), pero sin ningún miedo por lo que el resto pudiera pensar.

¿Y por qué nuestra cultura es tan afiliativa? El estudio realizado por McClelland nos dio la respuesta: la religión. El catolicismo hace mayor hincapié en el espíritu afiliativo que en la orientación al logro, clásica del calvinismo. Por ello, Irlanda, aunque país de lengua inglesa, es uno de los más afiliativos del mundo según dicho estudio. Las tabernas irlandesas, su música y sus alegres fiestas parecen corroborarlo.

TERCER MIEDO: ALÉRGICOS AL FRACASO

Sólo una cosa vuelve un sueño imposible: el miedo
a fracasar.
PAULO COELHO, escritor

Un limpiamanchas para el fracaso

«Tu éxito en esta tierra es un signo de lo que obtendrás en la otra vida». Es uno de los principios del calvinismo, bastante alejado de la máxima católica, que reza: «Los últimos serán los primeros». La religión, una vez más, ha condicionado al pueblo anglosajón en su orientación al logro. McClelland se embarcó en la aventura de averiguar qué diferenciaba a Estados Unidos del resto de países. Y el resultado fue lo que denominó «su espíritu de superación» (sobre los demás, por supuesto). Años atrás, filósofos como Max Weber o Erich Fromm habían llegado a la misma conclusión. Luteranismo y calvinismo elevaron los conceptos de trabajo y eficacia a valores supremos. Así, no es de extrañar que desde el siglo XVI el reloj de la catedral de Núremberg fuera el primero en tocar los cuartos además de las horas.[17] ¡Había que aprovechar el tiempo! Resultado: trabajo duro y superación fueron las nuevas claves de la cultura calvinista que, por supuesto, heredó el capitalismo. No en balde Inglaterra fue su cuna.

El éxito llegó a ser el signo
de la gracia divina; el fracaso, el de la condenación.
ERICH FROMM, filósofo (1900-1980)

Las empresas son extraordinarios «campos de polen» que multiplican la alergia que más de uno padece: el **miedo al fracaso**. ¿Cuántos de nosotros hemos vivido un despido y hemos evitado que se sepa? Y no sólo en las entrevistas de selección, en las que todos nos ponemos el disfraz de «superprofesionales-a-los-que-nunca-han-despedido-de-ninguna-empresa», sino en entornos más distendidos. Y no es porque nos hayamos convertido al calvinismo (que no está el Vaticano para bromas), sino porque hemos aprendido a interpretar el fracaso como una mancha. Así pues, o la limpiamos con alguna justificación: «Decidí irme, pero ellos se adelantaron»; o hacemos como si no existiera: «No, no. Fui yo quien se fue».

Los esclavos del éxito

Alejandro Magno dirigió el ejército de su padre con dieciocho años. Contó con uno de los mejores maestros de la historia, Aristóteles. Su inteligencia era privilegiada y su ambición no conocía límites. Sin embargo, los historiadores destacan otra cualidad esencial para entenderlo: el deseo de superar a su padre (por supuesto, también contribuyó la educación espartana que recibió de su madre y de su maestro). Y si de algo podemos estar seguros es de que Alejandro no era calvinista. Nació dieciocho siglos antes de que Lutero colgara sus Noventa y Cinco Tesis en la puerta de la iglesia del castillo de Wittemberg. Sin embargo, su orientación al logro fue su gran motor. Pero Alejandro no es una excepción. Mozart o Edipo son algunas de las figuras movidas por el mismo deseo, superar al padre. A veces es más sutil: "Yo sólo quería ser el número uno porque pensaba que así mi padre me querría más". Una frase muy íntima que más de un profesional identificará en su fuero interno. Cuando así ocurre, querido amigo o amiga, usted entra en el exclusivo club de los esclavos del éxito. ¡Enhorabuena a la empresa que le contrate!

No obstante para estar motivado para el logro no hace falta ser calvinista ni sufrir un trauma con el padre. Puede deberse a la educación recibida o, incluso, según McClelland, a la misma interacción entre los hermanos.

Apruebo si tú suspendes

Los líderes que son tolerantes ante los fallos derriban las barreras que les separan de los demás y se comprometen con las personas de manera personal.

RICHARD FARSON y RALPH KEYES,

autores de *The Paradox of Innovation*

Amena, empresa de telecomunicaciones, elaboraba en 2004 un *ranking* de sus profesionales por equipos. Se pedía a cada jefe que clasificara a los mejores y a los peores. Los que estaban en niveles inferiores, sobra decir, tenían todas las papeletas para ser invitados a abandonar la empresa. Arthur Andersen, empresa de auditoría «fallecida» tras el escándalo Enron, hacía lo propio. Realizaba un *ranking* de los mejores y peores y despedía a los que no habían salido demasiado bien en la foto. Con este tipo de técnicas se refuerza la orientación a resultados. No sólo hay que hacer las cosas bien, sino mejor que el resto de los compañeros (¿o rivales?). A ciertas personas dicha práctica les sonará «agresiva», pero este espíritu se fomenta en los estadounidenses desde su más tierna infancia. Y, nos guste o no, una parte importante de las técnicas que aplicamos en las empresas son adaptaciones de las grandes corporaciones (evaluación del desempeño, desarrollo del liderazgo...) o sugeridas por consultoras o gurús de origen anglosajón.

En muchas escuelas y universidades estadounidenses se aprueba sólo cuando la nota es superior a la media del conjunto de compañeros. Es decir, si el resto ha hecho un examen extraordinario y el mío ha sido sólo aceptable, estaría suspendido (y si el resto hace el vago y yo me esfuerzo un poco más, sacaré matrículas de honor). En otras palabras, no sólo compito contra una batería de respuestas correctas, sino también contra el resto de mis compañeros. ¿Qué otra mejor opción hay para codificar buscadores del logro?

Y si usted no está demasiado orientado al logro por su educación, no se preocupe. La empresa se encargará de «ayudarle» en su desarrollo. Ya lo hemos dicho, la competitividad es tan acusada que hoy más que nunca se vive la presión del tiempo y de los resultados. Ahora la orientación al logro no es una moda en las compañías, es una necesidad en su estado puro.

De una decisión arriesgada al Renacimiento

Florencia, 1417. Orsanmichele era un edificio sumamente representativo de la ciudad. En la planta superior se almacenaba el trigo, la planta inferior se reservaba para las tareas administrativas, mientras en el exterior se realizaba el «marketing» de la época. Las fachadas del edificio contaban con hornacinas donde se situaban las esculturas que cada gremio adquiría para exhibir su poderío. De esta forma hacían publicidad, pero con dos matices: las estatuas debían ser alusivas a sus profesiones y, debido a la cultura de la época, representaban a los santos que protegían a los gremios. Los gremios ricos compraron las mejores hornacinas con gran espacio para el santo en cuestión y demás adláteres. Por supuesto, estaban en zonas privilegiadas de la fachada, orientadas al Palazzo de la Signoria, el Ayuntamiento de la ciudad. El gremio con menos recursos se tuvo que contentar con la de peor ubicación: en una esquina y con poca profundidad, ya que en la parte de atrás de la hornacina estaba situada la escalera de acceso al piso superior. Este gremio era el de los armeros. En la Florencia del siglo XV los antiguos guerreros habían dejado las armas en pos del comercio. Su santo representativo era san Jorge, el caballero que vence al dragón para salvar a la princesa. Y en aquella hornacina sólo cabía un san Jorge arrodillado y encogido... Mal papel para un guerrero, aunque, ya se sabe, el dinero antes y ahora es el que manda.

El gremio de los armeros se dirigió a Donatello. Le encomendaron la difícil labor de hacer un san Jorge digno. Y él rompió las reglas que le imponían los cánones de la época. Hizo un san Jorge fuerte y poderoso, con el único problema de que no cabía en un hueco tan estrecho. La solución fue propia de un genio: sacó su cuerpo fuera de los límites de la hornacina, dándole volumen. Pasó de un espacio plano a tres dimensiones, sobrepasando los límites del edificio. Tan arriesgada decisión fue el comienzo del Renacimiento de este arte.

Cualquier problema es una oportunidad
vestida de faena.

SUN TZU, general y autor de *El Arte de la guerra* (500 a. C.)

Sun Tzu afirma que un problema puede ser una oportunidad, pero para ello hay que arriesgar. Donatello siguió esta máxima, al igual que las empresas innovadoras. Sin embargo, el miedo al fracaso se da de bruces con dicha actitud. Si Donatello hubiera seguido las normas, el Renacimiento no habría arrancado de sus manos. Cuestionar es el primer paso para innovar. Las empresas punteras saben que pocas veces se logra el eureka a la primera. Con cada historia de éxito, conviven diez historias de fracasos y de errores. Si se penaliza el error, se sacrifica parte del futuro... Para una gran parte de las personas, la equivocación está asociada a la culpa o al «yo no valgo». Tomar decisiones arriesgadas implica asumir el precio del error, que no siempre se está dispuesto a pagar cuando se persigue el logro a ultranza. Y lo que es peor, cuando la búsqueda del éxito mueve nuestras vidas al más puro estilo Alejandro Magno, el fracaso golpea despiadadamente en la línea de flotación de nuestra autoestima.

El arte de vencer se aprende en las derrotas.

SIMÓN BOLÍVAR, militar y político (1783-1830)

El perfeccionismo es otra derivada del miedo al error y al fracaso. El perfeccionista intenta controlar todos los detalles para que nadie, empezando por él mismo, pueda reprocharle que lo ha hecho mal. En estas situaciones, la autoexigencia proviene de dentro... o, mejor dicho, del «autocastigo». Tan pronto se sospecha que se ha hecho algo mal, la tortura mental comienza. Un perfeccionista no necesita que lo controlen. Ellos mismos se lo exigen. Pero tienen dos inconvenientes: primero, lo mal que lo pasan por su «obra y gracia» y, segundo, la posible parálisis de su trabajo y del de los demás. Ante la posibilidad de no hacerlo perfecto, a veces se elige no hacer nada para no tener que asumir el error, por muchas ventajas que esto tuviera a la larga.

Los buscadores de reconocimiento

*Tanto como anhelamos la aprobación,
tememos la condena.*

HANS SELYE, médico y precursor del estudio del estrés

(1907-1982)

¿Se siente reconocido en su trabajo? La ausencia de reconocimiento es uno de los factores que más debilitan la motivación. Lo necesitamos para desarrollar nuestro talento:[18] en primer lugar, el reconocimiento de nuestros padres; después, el de aquellos que nos importan. En una ocasión un directivo comentó que cuando comenzó su brillante carrera profesional buscaba sobre todo el reconocimiento de sus jefes. Eso le catapultó a mayores responsabilidades, más logros. Llegado a un punto de satisfacción personal, comenzó a importarle más el reconocimiento de sus colaboradores. ¿Quizá madurez?

El problema lo encontramos cuando se tiene la imperiosa necesidad de reconocimiento. Tanto es así que incluso más de uno no hace nada antes de implicarse y no obtenerlo. En el fondo lo que se oculta es un escalofriante miedo al fracaso.

Antes del combate, el vencedor ha ganado.

SUN TZU,

general y autor de *El Arte de la Guerra* (500 a.C.)

Y es curioso porque cuando buscamos con desesperación el reconocimiento (por supuesto, casi nadie lo admitirá abiertamente), le estamos otorgando poder al otro. Piense en alguien con una alta orientación hacia el éxito social y que busque siempre la reafirmación en todo cuanto haga. Esa persona será muy vulnerable a la crítica. Cualquier comentario que cuestione su trabajo será una bomba para sus oídos. Lógicamente, la búsqueda de reafirmación se dirigirá más hacia aquellos que le proporcionen éxito o hacia aquellos a los que admira. Pero si conoce a alguien con ese perfil se dará cuenta de que, incluso, será susceptible también a comentarios provenientes de personas que no pertenecen a los grupos anteriores. Y el motivo es sencillo: él o ella les han otorgado ese poder. En el fondo, su orientación al logro se basa en su inseguridad, y eso los convierte en extremadamente vulnerables.

Y si ahora piensa en sí mismo, ¿a quién le ha dado usted poder en su vida?

CUARTO MIEDO: AFERRARSE AL PODER

La fama es un medio para acallar
las propias dudas. Posee una función con respecto a
la inmortalidad comparable a la de las pirámides
egipcias.
ERICH FROMM, filósofo (1900-1980)

La motivación prohibida

¿Qué es lo que más le motiva en el trabajo? ¿Su carrera, el equilibrio entre la vida personal y la profesional, el sueldo? Depende, ¿verdad? Cada persona tiene una motivación distinta que, además, con el paso del tiempo va cambiando. Tal vez porque uno se vuelve más maduro (forma elegante de decir viejo), porque va quemando etapas o porque asume nuevos roles.

Pero el resultado es que todos cambiamos nuestra motivación, lo que complica considerablemente la política de gestión de personas en las empresas. Y existe otra dificultad añadida: no siempre somos conscientes de lo que nos gusta.

> *Es difícil saber lo que nos gusta. La mayoría de la gente se engaña sobre esto. Conocerse bien es poco frecuente.*
>
> ROBERT HENRI, pintor (1865-1929)

Un claro ejemplo es el resultado de las encuestas realizadas en distintos países y a directivos interesados en la gestión del talento (tabla 6). La pregunta era sencilla: ¿en qué medida los siguientes aspectos suponen un factor de motivación para usted? Como se observa en los datos, existen algunas diferencias entre países, pero, en general, los conceptos mejor valorados son: desarrollo de la carrera, aprendizaje continuo, compartir una misión y el equilibrio entre vida personal y profesional. Pero quizá lo más apasionante de la encuesta sean los resultados de los últimos puestos: seguridad en el puesto de trabajo y reconocimiento social. Vayamos a ellos.

Argentina

1. Desarrollo de la carrera.
2. Aprendizaje continuo.
3. Compartir una misión.
4. Equilibrio vida personal-profesional.
5. Utilizar tecnologías avanzadas.
6. Trabajar con personas que aprecio.
7. Retribución atractiva.
8. Trabajar en una organización de prestigio.
9. Seguridad en el puesto de trabajo.
10. Reconocimiento social.

España

1. Aprendizaje continuo.
2. Compartir una misión.
3. Desarrollo de la carrera.
4. Equilibrio vida personal-profesional.
5. Trabajar con personas que aprecio.
6. Retribución atractiva.
7. Trabajar en una organización de prestigio.
8. Utilizar tecnologías avanzadas.
9. Reconocimiento social.
10. Seguridad en el puesto de trabajo.

Guatemala

1. Aprendizaje continuo.
2. Desarrollo de la carrera.
3. Compartir una misión.
4. Equilibrio vida personal-profesional.
5. Trabajar en una organización de prestigio.
6. Retribución atractiva.
7. Seguridad en el puesto de trabajo.
8. Utilizar tecnologías avanzadas.
9. Trabajar con personas que aprecio.
10. Reconocimiento social.

Chile

1. Aprendizaje continuo.
2. Desarrollo de la carrera.
3. Equilibrio vida personal-profesional.
4. Compartir una misión.
5. Trabajar con personas que aprecio.
6. Retribución atractiva.
7. Utilizar tecnologías avanzadas.
8. Trabajar en una organización de prestigio.
9. Reconocimiento social.
10. Seguridad en el puesto de trabajo.

Colombia

1. Aprendizaje continuo.
2. Equilibrio vida personal-profesional.
3. Desarrollo de la carrera.
4. Compartir una misión.
5. Utilizar tecnologías avanzadas.
6. Reconocimiento social.
7. Trabajar en una organización de prestigio.
8. Trabajar con personas que aprecio.
9. Retribución atractiva.
10. Seguridad en el puesto de trabajo.

México[a]

1. Aprendizaje continuo.
2. Seguridad en el puesto de trabajo.
3. Trabajar en una organización de prestigio.
4. Retribución atractiva.
5. Trabajar con personas que aprecio.
6. Desarrollo de la carrera.
7. Reconocimiento social.
8. Utilizar tecnologías avanzadas.
9. Equilibrio vida personal-profesional.
10. Compartir una misión.

[a]El estudio en México se realizó a través de un método y universo distinto que en el resto de los países. Se realizaron entrevistas individuales a pequeñas y medianas empresas. Le agradezco a Magda Evelia Mendoza y al equipo de la Universidad Autónoma de Sinaloa la amable colaboración prestada.

Tabla 6. Lo que motiva a los directivos[19]

Las primeras encuestas se realizaron en 2001. Aquel año comenzó a palparse el pinchazo de la burbuja financiera y se abrió la veda de las regulaciones de empleo como medida clásica para superar las crisis. Sin embargo, y aun viviendo una etapa de incertidumbre, los directivos llegaron a afirmar que la seguridad en el puesto de trabajo no era precisamente lo que más los motivaba. Y en parte tenían razón. Herzberg llamó factores higiénicos a aquellos que motivan poco, pero que cuando dejan de estar presentes resultan fuertemente desmotivadores. Desde ese punto de vista, tanto la seguridad como el reconocimiento pueden ser cuestiones meramente higiénicas para una gran parte de los directivos. Pero si dejan de existir, ¿les prestaríamos tan poca atención? Las migraciones en masa de profesionales con talento de empresas de Internet a compañías más sólidas y de mayor prestigio parecen probarlo. Y también se observa por las preferencias de trabajar en una compañía conocida antes que en otra de la que no se sabe muy bien a qué se dedica, por muy sólida, multinacional y magnífica que sea (con el tiempo, esto cambia). Pero lo que es peor, aunque busquemos el prestigio, que es una forma de poder, no nos gusta reconocerlo abiertamente, como se deduce de las encuestas o las entrevistas de *outplacement* (empresas encargadas de asesorar y recolocar a profesionales).

Cuando un directivo pierde su puesto de trabajo, uno de los temas que más le preocupa es la familia y la pérdida de calidad de vida para ellos, según la experiencia de Pilar Gómez Acebo en sus más de quince años de *outplacement*. Sin embargo, cuando la empresa de recolocación le ofrece un puesto de funciones similares con mejor sueldo, pero en una compañía de menor renombre, más de uno dice que no:

—¿Por qué no te interesa el puesto? ¿No te preocupa el colegio de tus hijos?

—Sí, pero... ¿y mi prestigio?

Efectivamente, aparece en escena el miedo a la pérdida de

poder (pérdida de prestigio, en este caso), aunque a pocos les guste reconocerlo. En el mundo anglosajón son menos recatados. Tom Peters defiende la propia marca como el valor que más hay que cuidar. Dice que cada uno de nosotros somos el director general de nuestra propia empresa, YO, S. A., y que nuestra tarea más importante es vender nuestra marca. Qué duda cabe de que Tom Peters habla desde su propia experiencia, es un genio en la materia. «Casi todo depende de su prestigio; defiéndalo a muerte», así lo recoge Robert Greene en una de sus 48 leyes sobre el poder. Y los grandes buscadores del poder, los políticos, pagan cuantiosas fortunas a sus equipos de asesoramiento de imagen. Por algo será.

Reconozcámoslo: somos vulnerables al miedo a la pérdida de poder, y no sólo los directivos de primer nivel. Muchos mandos medios, representantes sindicales, presidentes de asociaciones, profesores, predicadores o estrellas mediáticas (todos ellos con fuerte necesidad de influir en otros) se ven seducidos por sus encantos. Quizás el poder sea el canto de sirena que nos gusta sintonizar, aunque nos creamos Ulises atados al mástil. ¿Una vez más nuestros valores?

> *Uno de los rasgos más importantes de la sociedad es el ejercicio del poder.*
> THOMAS HOBBES, filósofo (1588-1679)

Pegados al sillón del poder

> *Ser líder significa, sobre todo, tener la oportunidad de crear una diferencia importante en la vida de quienes permiten a los líderes liderar.*
> MAX DE PREE, escritor

Lucciano Benetton o Richard Branson tienen carisma y empatía. Influían en la gente sin necesidad de ningún cargo y antes incluso de ser empresarios de éxito. Luego, cuando crearon Benetton o Virgin, respectivamente, unieron el poder que les otorgaba una hazaña de esas características a su capacidad de liderazgo natural. Ejemplos y excepciones, por supuesto.

El miedo a la pérdida de poder aparece en aquellos que están motivados para influir en terceros a través del «poder legítimo» (así llamado cuando se deriva de la jerarquía) o a través del poder carismático,[20] también llamado liderazgo. Pongamos un ejemplo. Primer caso: Joaquín, ingeniero no muy brillante que ha llegado a mando medio siguiendo fielmente el siguiente principio de Peters: «En una jerarquía todo empleado tiende a ascender hasta su máximo nivel de incompetencia». El resto de candidatos para ese puesto se marcharon a otras compañías y sólo quedaba él. Su *lealtad* a la empresa y su antigüedad (no tenía demasiadas ofertas de otros sitios) animaron a la dirección a nombrarle responsable de equipo. Y él, encantado. Lo soñaba desde hacía tiempo, porque uno de los aspectos fundamentales de su motivación era la necesidad de influir en los demás. Segundo caso: Antonio, otro ingeniero. Resulta brillante, aunque no es el mejor del equipo técnicamente hablando. Es un líder informal. Su manera de hablar, su energía y sus habilidades hacen que sea el centro de las conversaciones. Consigue involucrar a sus compañeros. Le encanta que la gente le escuche y le haga caso. También le motiva influir, pero a kilómetros de distancia de la forma de Joaquín. Puestos a escoger un tipo de poder, ¿cuál preferiría, el de Joaquín o el de Antonio?

La diferencia de poder viene dada por aquel que es influido. El poder llamado legítimo se obtiene desde la jerarquía, como es el caso de Joaquín. La dirección nombra a alguien y los influidos, en este caso los colaboradores, lo tienen que aceptar sin más. Mientras, en el poder carismático sólo recibe la influencia

65

quien se la otorga. Nadie obliga a los compañeros o amigos de Antonio a que le hagan caso. Lo hacen porque quieren. En el caso del poder jerárquico ha sido gracias a la «intercesión divina» de la dirección; en el del carisma, a las cualidades personales. El líder tiene seguidores. El jefe jerárquico tendrá siempre subordinados. Y ahí interviene en gran medida el miedo. Los que más se aferran al poder son aquellos que no tienen muy claro que sean capaces de lograr esa posición por sus propios medios... Su inseguridad actúa como pegamento *superglue* en el sillón de jefe.

La erótica del poder

> *Yo era hijo de inmigrantes y a base de mucho trabajo conseguí llegar, poco a poco, hasta la presidencia de Ford. Una vez en el cargo, tuve la impresión de que me hallaba en el techo del mundo. Pero el destino me dijo: «Aguarda, que aún no hemos acabado contigo, ahora vas a saber lo que se siente cuando a uno le dan una gran patada y lo echan del monte Everest!».*
>
> LEE IACOCCA, ex director general de Ford y ex consejero delegado de Chrysler

Efectivamente, el ejercicio del poder tiene ese riesgo y esa erótica. Ya lo dijo Kissinger, secretario de Estado norteamericano, cuando le preguntaron cómo conseguía rodearse de mujeres tan bellas si no era precisamente ningún adonis. «El poder es el mayor afrodisiaco», respondió. Es cierto, el poder atrae. Seducen más las figuras públicas que los desconocidos. Y seduce más a un porcentaje alto de la población un título de director o gerente en la tarjeta de visita que el de técnico. Por una parte, porque supone el reconocimiento de la organización; por otra, porque se es jefe y, a veces, líder.

El poder es una droga. Cuesta deshabituarse. «Influir en las vidas de otros nos alivia nuestras propias dudas», decía Fromm. Cuando las personas están obligadas a hacerte caso y tienes la opción de premiar o penalizar, el poder tiene un efecto positivo sobre las propias inseguridades. En determinados puestos de poder, uno se mimetiza con la soledad, y todos los ojos se dirigen a él o ella. «El peso de la responsabilidad es muy alto –asegura un director general–. No puedes tener un mal día. Cuando iba a presentar en la reunión de analistas las expectativas de crecimiento de la compañía, no podía mostrar una mala cara aunque esa noche hubiera dormido mal por otro motivo. Las personas asocian tu comportamiento y tu apariencia a la marcha de la compañía..."

En determinados cargos, la persona acaba creando un personaje público. A través de él da la cara, despide si ha de hacerse y es el único al que conocen sus colaboradores. Es una máscara que muchos jefes (y no sólo arriba), políticos o presentadores acaban poniéndose. ¿Ventajas de separar el personaje público de la persona? Aquél no se ve afectado por los «problemas mundanos» y puede ejercer el poder sin sufrir tanto. ¿Desventaja? El coste personal es alto, porque uno acaba creyéndose su propio papel, como le ocurrió al actor Johnny Weissmuler después de rodar más de una decena de películas de Tarzán con la mona Chita y morir en 1984 en un psiquiátrico creyéndose «el rey de la jungla».

Cuando uno actúa como un gorila

Arriba se vive mejor. Lo saben muy bien los gorilas jefes. Sapolsky, profesor de Stanford, ha estudiado el estrés en los mamíferos y ha observado que cuando el gorila dominante vive una situación de tensión lo paga con los de abajo; éstos hacen otro tanto con los que están en posiciones inferiores y así sucesivamente hasta que no queda nadie en quien desahogar el enfado. ¿Le resulta familiar? En las empresas existe esa tendencia de hacer caer las amenazas a lo largo de la jerarquía. Comienza en un punto y baja como una bola de nieve a todos los niveles organizativos, a no ser que alguien por el camino sea capaz de amortiguar los «golpes» sin distribuirlos hacia abajo. No cabe duda de que esa cualidad es una de las más importantes del buen jefe: romper el instinto biológico de actuar como un gorila.

> *Un directivo se ha de poner de parapeto para no trasladar las amenazas hacia abajo. Cuando lo hace, aumenta considerablemente la productividad de su equipo.*
>
> TOMÁS PEREDA, director de Recursos Humanos de Hertz

De todos modos nos falta otro factor que refuerza el miedo a la pérdida de poder: el riesgo personal. Determinadas posiciones requieren una alta apuesta individual. Si hay una fusión o un cambio de dirección, las cabezas que corren más peligro son las de arriba. Cuando a un informático no le va bien un determinado proyecto, tiene más empresas donde probar suerte. Sin embargo, el mercado de directivos es más estrecho. Y por si fuera poco, están en el punto de mira de muchas personas. El error de un jefe cuestionado no se guarda en la intimidad, quienes lo cuestionan lo predican.

QUINTO MIEDO: SIN CAMBIOS, POR FAVOR

El ajedrez del cambio

Cuando el mejor golfista del mundo es negro;
el mejor rapero es blanco;
Francia acusa de arrogancia a Estados Unidos;
Dinamarca envía un mini submarino a una
guerra en el desierto;
Suiza gana la Copa América de vela
cuando no tiene costas...

... El mundo está cambiando, como dicen Ridderstråle y Nordström. Por no hablar de lo que nos depararán el uso de las células madre, el incremento de la banda ancha de Internet, los más de mil millones de indios en una economía de mercado o los viajes por el espacio. Y sobra decir que las empresas se ven obligadas a cambiar, y mucho. En las últimas décadas las compañías han aprendido a mimar a clientes y empleados (a algunos), a dejarse seducir por la tecnología y a caer en la tentación de Internet.

Y cambiamos más rápido que nunca. Algunos datos: el número de llamadas internacionales al día en 2001 era igual a todas las realizadas en el mundo durante el año 1981;[21] en 2002, ABB, el gigante sueco-suizo de ingeniería, perdió el 68 por ciento de su capitalización de mercado en una semana,[22] nada menos que 5.000 millones de euros.

Cambios, cambios y más cambios. Son necesarios. Es la forma de crecer y no estancarse, de ser original y de mantenerse en la cresta de la ola. Sin embargo, la necesidad de transformación de las organizaciones se da de bruces con una de las resistencias más clásicas: el miedo al cambio. Todos somos víctimas de él, de una forma u otra. Y el motivo es sencillo: nuestra capacidad de asimilar la transformación es limitada. Si pudiéramos viajar en la máquina del tiempo a los escenarios de las películas de ciencia ficción *Blade Runner* o *Minority Report*, seguro que pasaríamos un buen rato asustados, por muy fascinados que quedáramos con los artilugios del futuro o con el mismo Tom Cruise. El cambio nos rompe los esquemas. Pone en jaque nuestra necesidad de control, y la inseguridad nos puede ganar la partida.

> *Es mejor fracasar en la originalidad que triunfar*
> *en la imitación.*
>
> HERMAN MELVILLE, autor de *Moby Dick* (1819-1891)

A mí los hábitos

Las conversaciones de fútbol de los lunes por la mañana, la forma de presentar los informes, la manera de tratar al financiero para pedirle más presupuesto... son algunos del sinfín de hábitos o patrones de conducta que hemos ido formando en las empresas y que corren peligro cuando acecha un cambio. Y lo que es peor, son precisamente esos hábitos los que nos dan seguridad. Si se rompen, nos sentimos Robinson Crusoe en medio de un mar de incertidumbres. Evidentemente, no todo el mundo tiene las mismas resistencias ni todos los cambios son igual de importantes. No es lo mismo cambiar de jefe que de papel de impresora, aunque sean muchos los que pongan el grito en el cielo por tener que usar papel reciclado.

> *Dicen que el hombre es un animal de costumbres,*
> *más bien de costumbre el hombre es un animal.*
>
> MAFALDA, personaje de cómic de Quino

Sí, dicen que *el hombre es un animal de costumbres*, aunque Mafalda tenga otra teoría. Y es cierto. Necesitamos los hábitos para liberar nuestro cerebro de tareas mecánicas y así dedicarnos a cosas más creativas en el trabajo, con los amigos o en el sexo, aunque más de uno tenga que tirar del *Kamasutra* en cuanto se sale del misionero. Einstein tenía las camisas y los pantalones del mismo modelo para no tener que pensar qué debía ponerse. Algo práctico, aunque Valentino, Jennifer López o David Beckham no lo escogerían como referencia. Si tuviéramos que emplear el mismo tiempo en diseñar un proyecto que en decidir qué desayunar, llegaríamos tarde al trabajo. O si el que empleamos para elegir por dónde salir una noche fuera el mismo que en decidir el camino idóneo para ir a la oficina, llegaríamos aún más tarde. Según McWhirter, psicólogo experto en hábitos, éstos actúan sobre el inconsciente y parece que estamos más *hipnotizados* de lo que creemos. Si no, recuerde si cuando va conduciendo piensa en el cambio de marchas.

> *Los hábitos nos permiten crear espacios*
> *para hacer otras cosas.*
>
> JOHN MCWHIRTER, psicólogo experto en hábitos

Filosofía de Mafalda

> *A las personas no les disgusta el cambio,*
> *sino el ser cambiadas.*
>
> PAUL EVANS, profesor de Insead

Ha llegado un nuevo director general. Concluye su primera reunión sentenciando: «Va a haber cambios». Los miembros del comité están nerviosos. Apenas tienen información sobre su forma de ser. Alguien conoce a alguien que trabajó con él en otra empresa. «Es un tipo duro —dice—. Parece que en la anterior compañía despidió a un 20 por ciento de la plantilla. La empresa no ha logrado los objetivos en los últimos dos años, puede que esté aquí por eso...» Comienza el baile de comentarios por los despachos. Nadie sabe a qué atenerse ni qué cara poner cuando van a verlo. Se empieza a mascar un cierto miedo por la oficina, aunque, por supuesto, no se reconoce abiertamente.

El miedo al cambio es «como una caja de bombones, nunca sabes cuál te va a tocar», diría Forrest Gump. Detrás de este miedo están el resto de temores que hemos identificado: a la supervivencia, al rechazo, al fracaso o a la pérdida de poder. La llegada de un nuevo director general dispersando aires de despido en el ambiente enciende la alarma del primer miedo: a no llegar a fin de mes. Si va a realizar algún cambio de división, implicará que ciertas personas cambien de departamento, lo cual activa en otros el miedo al rechazo porque no conocen a sus nuevos compañeros o no tienen confianza con ellos. Si va a marcar objetivos difíciles de lograr, aparecerá el miedo al fracaso. Y si reduce responsabilidades a algún directivo o jefe, éste puede sentir el temor a la pérdida de poder.

Así pues, el miedo al cambio puede ser tan variado como vertiginoso y no es de extrañar que más de uno esté de acuerdo con Mafalda:

Que el mundo se pare que yo me bajo.

MAFALDA, personaje de cómic de Quino

Instrucciones para agudizar el miedo al cambio

Si quiere generar un miedo agudo al cambio, a continuación le detallamos la receta con las características que ha de reunir para paralizar completamente la productividad de su organización.

Incertidumbre. Cuanto menos se sepa, mejor. El ser humano necesita la información como el aire que respira. Según los psicólogos, somos «informívoros», devoradores de información. Si no la obtenemos de la fuente adecuada (o si ésta es parcial, sesgada o manipuladora), iremos a buscarla a la mejor fuente alternativa: los rumores. Éstos son siempre directamente proporcionales a la opacidad de la organización. Otra opción poderosa para generar incertidumbre es lanzar una noticia que cause alarma sin determinar cuándo va a producirse; por ejemplo, una posible fusión.

Cambio que va en contra de los propios intereses. Si quiere externalizar un departamento, no pretenda que sus integrantes colaboren de buen grado por mucha recolocación que les prometa. Una multinacional estadounidense de productos de consumo muy conocidos tuvo la «gran idea» de concentrar las responsabilidades de desarrollo directivo en Boston. De esa forma, el equipo local formaría con los mismos métodos y sensibilidades culturales a directivos chilenos, turcos o suecos. Para la preparación de las funciones de este nuevo equipo se pidió ayuda a los responsables de cada país, sabiendo ellos que su puesto probablemente se amortizaría (forma elegante de decir que serían despedidos). Sobra decir qué tipo de tormenta de ideas aportaron... Más tormenta que ideas.

No estar familiarizado con el cambio. Si hoy es septiembre, hoy toca cambio. Podría ser la máxima de muchas compañías que tienen la necesidad compulsiva de cambiar su estructura al comienzo del ejercicio fiscal. Y es sano, no vamos a discutirlo, es una forma de regeneración. Los profesionales de esas empresas están acostumbrados a que, junto con la vuelta de vacaciones, les espere la noticia de dónde tienen que ubicarse. Estos cambios explican por qué a partir de junio muchos se cruzan de brazos a la espera de un nuevo destino. Las experiencias no traumáticas relajan el miedo. Ahora, si usted quiere agudizarlo, hágalo por sorpresa sin que nadie sospeche nada y con consecuencias no demasiado positivas. De esa forma, cuando posteriormente el cambio sea recordado le ayudará a incrementar el nivel de miedo. Las personas aprendemos por asociación. Si algo malo sucedió en el pasado, tenderemos a pensar que ocurrirá igual en el futuro.

Creencia de que el cambio no es positivo para la empresa. Por último, existe una resistencia palpable cuando el cambio se percibe como algo negativo para la compañía y, en última instancia, para uno mismo. Quizás a todos nos guste jugar a ser directores generales. En las tertulias siempre hay comentarios de cómo cada cuál dirigiría la compañía. Desde esa perspectiva, un cambio que se entienda que va a perjudicar la atención al cliente o la calidad del producto, para más de una persona responsable con su trabajo, será motivo de resistencia.

La mayor dificultad del mundo no está en que las personas acepten nuevas ideas, sino en hacerles olvidar las viejas.

JOHN MAYNARD KEYNES, economista (1883-1946)

ALGUNAS CLAVES
SOBRE LOS MIEDOS A LA CARTA:

- **Dos caras de una misma moneda:** *miedo*, que moviliza para evitar una amenaza; *motivación*, que mueve a conseguir un objetivo. Conocer la motivación es conocer el miedo. Cada uno, dependiendo de sus condiciones personales, estará sujeto a un tipo de temor.

- **Cinco grupos de miedos en el mundo de la empresa:** a la no supervivencia (no llegar a fin de mes), al rechazo, al fracaso, a la pérdida de poder y al cambio. En cada grupo hay distintos tipos de temores.

- **Miedo a no llegar a fin de mes:** su impacto en nuestras vidas dependerá de lo vulnerables que seamos a perder el trabajo, la dificultad para encontrar otro, las necesidades económicas y el tipo de educación.

- **Miedo al rechazo:** nace de la necesidad de pertenecer a un grupo. Es más acusado en las culturas latinas y en los jóvenes. Se busca la aprobación del resto y está mal visto destacar o ser diferente.

- **Miedo al fracaso:** nace de la orientación al logro. Es el miedo que más se refuerza en las empresas y en las culturas calvinistas. Busca la superación de uno mismo o de los objetivos impuestos.

- **Miedo a la pérdida de poder:** nace de la necesidad de influir en terceros. Posiblemente sea el más importante en el mundo directivo, aunque abiertamente no se reconozca.

- **Miedo al cambio:** es la «madre» de todos los miedos. Surge de la incertidumbre, de la pérdida de control y de la resistencia de nuestros hábitos.

EL PRECIO DEL MIEDO

Bienvenido al mundo real.

Matrix, 1999

¿ALINEADO, ALIENADO O ALIENÍGENA?

Cartier con salsa de soja

El campo de batalla de Cartier no sólo está en las vitrinas de las relojerías de lujo, sino también en las estancias de centenares de hogares chinos. La imitación está a la orden del día en el país del rollito de primavera. Una familia puede vivir fabricando copias de relojes –cuyos originales cuestan la friolera de 3.000 euros por unidad– a un ritmo infernal de 100 a 150 diarios, y cobrando por ello 100 dólares semanales. Las tiendas ilegales los venden a 135 dólares por reloj, y algún que otro espabilado los comercializa a través de Internet. En un mundo global, la competencia y la ilegalidad también son globales.[23]

Estamos subidos en la montaña rusa de la incertidumbre. Los mercados se saturan por competidores procedentes de cualquier punto del planeta. En un supermercado medio estadounidense hay 40.000 productos distintos. Una familia típica necesita sólo 150 productos diferentes para satisfacer el 80 por ciento de sus necesidades básicas.[24] Con la presión con la que vivimos, el pan nuestro de cada día en las empresas es la presión por los resultados, el estrés por evitar el fracaso e incluso la incertidumbre por la pérdida del empleo... Esta presión es inevitable, pero tenemos márgenes de maniobra para actuar. Aunque hay que elegir entre dos alternativas: la gestión basada en el miedo o la **gestión NoMiedo** basada en el talento, el cambio y la innovación.

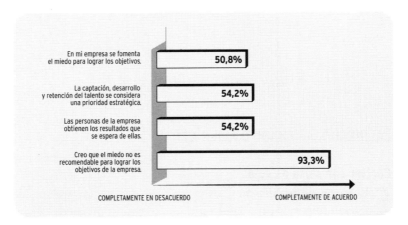

Figura 6. Amor imposible: miedo y talento

El 50 por ciento de los directivos reconocen que en su empresa se fomenta el miedo para lograr los objetivos (figura 6). Es el resultado de una muestra realizada sobre 185 mandos medios y directivos.[25] ¿Cuántos jefes lo reconocerían abiertamente? En ese mismo estudio se observa «casualmente» que las organizaciones que se centran en el potencial de los profesionales dejan el miedo fuera de juego. Y, lo más interesante, las empresas basadas en el talento obtienen los resultados que esperan de los empleados. Es lógico. La parte del cerebro que se activa cuando somos creativos o disfrutamos con nuestro trabajo es distinta a la que lo hace cuando tenemos miedo. Lo mismo nos sucede como personas. Podemos optar por las oscuridades del miedo o luchar por desarrollar nuestro potencial y desafiar nuestros límites.

La gestión basada en el miedo ha sido posible cuando:	La gestión NoMiedo es necesaria cuando cuando:
La competencia es previsible.	La competencia es imprevisible.
Los mercados son estables.	Los mercados son inestables.
Los clientes son cautivos.	Los clientes son libres para elegir.
Se hacen siempre las mismas tareas.	Se necesita innovación y creatividad.
Se requiere que los profesionales simplemente obedezcan.	Se requiere todo el potencial de los profesionales.
Los profesionales son autómatas.	Los profesionales son creadores.

Tabla 7. Miedo frente a talento, cambio e innovación

¿Travoltas o movidos a pilas?

El miedo ha sido el modelo clásico de gestión de las compañías. Y ha funcionado muy bien –no le quitemos su mérito–. Cuando el mercado es estable y los clientes son obedientes, los empleados pueden actuar como autómatas. Las personas se mimetizan (o se alienan, según la terminología marxista) con la cadena de montaje o los mostradores. Y sus momentos de creación quedan relegados a *hobbies*, los amigos o las parroquias. Es el triunfo del síndrome *Fiebre del sábado noche*, como la mítica película de 1977: la vida nace y muere en torno al fin de semana. El resto de los días simplemente hay que soportarlos.

Sin embargo, la competencia hace sonar la música disco que desestabiliza los mercados. Las empresas tienen que aprender a mover las caderas para adaptarse. Buscan nuevas capacidades escondidas y comienzan a pedir a sus profesionales el estilo

John Travolta y no el de los conejitos de Duracell, movidos a pilas. En esta nueva pista de baile, el miedo no tiene hueco. ¿Profesionales alineados para alcanzar una misión? Hay que desterrar el miedo. ¿Profesionales comprometidos con sus clientes, con capacidad para asumir decisiones? Hay que volver a desterrar el miedo. ¿Empresa obligada a reinventarse una y otra vez para adaptarse a los cambios? Definitivamente hay que poner un sello de «no retorno» al pasaporte del miedo.

Las organizaciones empresariales
pueden ser el camino para la felicidad de las
personas, pero también pueden convertirse en potros
de tortura.

JAVIER FERNÁNDEZ AGUADO, profesor y escritor

Podemos resumirlo en dos opciones: ¿alineados o alienados? (Porque los alienígenas no parece que tengan mucha cabida en la empresa.) Es una cuestión de resultados. Dependiendo de su mercado y de su visión de futuro (y de principios personales, en algunos casos), utilice el miedo como fórmula de gestión o tírelo a la basura. Por si le ayuda a decidirse, sepa que Raj Sisodia, Jag Sheth y David Wolfe realizaron un estudio sobre sesenta organizaciones punteras estadounidenses y analizaron el estilo de dirección y los resultados financieros. Aquellas empresas dirigidas por «directores generales que inspiran respeto, lealtad e incluso cariño, más que miedo», según los autores, habían incrementado sus resultados en los últimos diez años un 758 por ciento, frente al 128 por ciento que lo aumentaron las principales quinientas empresas estadounidenses.[26] Y otro dato: sólo el 36 por ciento de los profesionales aseguran poner en práctica todo su potencial en las empresas.[27] ¿Se imagina los resultados de los equipos si la ratio se acercara al cien por cien?

Las personas están preparadas para tener un lugar
de trabajo sin miedo.

KATHLEEN RYAN y DANIEL OESTREICH,
autores de *Driving fear out of the workplace*

CUANDO LOS CLIENTES SE TATÚAN LA MARCA

Músculos motorizados

Si se hiciera un tatuaje de una Harley Davidson, esta empresa le catalogaría en un apartado especial, el dedicado a los clientes más fieles.[28] Y no es para menos. Algo así es para toda la vida, puede que no tanto como un diamante y, por supuesto, mucho más que un matrimonio.[29] Vivimos momentos de auténtica veneración por las marcas. Algunas, las más afortunadas, se han convertido en auténticas religiones para algunos de sus clientes, como es el caso de Harley Davidson y Nike (esta última también cuenta con seguidores que se tatúan su logo). Y la marca, como todas las ilusiones que se crean, es intangible.

En las fábricas hacemos cosméticos, en las tiendas
vendemos esperanzas.

CHARLES REVSON, fundador de Revlon

... Y tanto que son esperanzas. Revson era muy consciente de que un buen marketing y una excelente fotografía hacen milagros. Es la magia de la publicidad y de los intangibles. Pero éstos no sólo son un asunto de marketing. El 95 por ciento del universo es materia no visible. El enamoramiento se produce por feromonas, que no vemos (¡si Bécquer levantara la cabeza!). Un tercio del precio del Boing 777 es *software*.[30] Los gastos en I+D en la red logística o en la formación de los empleados encarecen los productos mucho más que los costes de fabricación. En el sector de la automoción, sólo el 16 por ciento de los costes totales se debe a los materiales.[31] El peso de la competitividad es tan fuerte y la facilidad para copiar los productos es tan alta que la única forma de diferenciarse se basa en los intangibles. Sólo en Estados Unidos las corporaciones invierten 233.000 millones de dólares al año en publicidad, lo que supone seis veces el presupuesto educativo de ese país.[32] Y cada compañía busca su mística en la carrera por lo invisible.

BMW nos seduce invocando el placer de conducir por unas carreteras recién asfaltadas y sin atascos (¿existen en algún lugar del planeta?). Nike nos transmite la sensación de que no hay límites: *«Just do it»*, aunque sólo usemos su ropa para ver la televisión tumbados en el sofá. L'Oreal nos regala una dosis gratuita de autoestima sin necesidad de ir a un psicólogo: «Porque yo lo valgo». Los intangibles nos envuelven, nos hacen soñar. Y los sueños son el anzuelo de las empresas y la mejor manera de fidelizar a los clientes. En un mundo en el que sólo hubiera una empresa, las compañías no «malgastarían» su dinero en estrategias de marketing o en personalización de sus productos. Ni mucho menos se preocuparían de los intangibles que los envuelven y que actúan como afrodisiacos para los clientes. Y difícilmente se preocuparían por el potencial de sus profesionales, que son los que al final convierten cosméticos en esperanzas, como diría nuestro amigo Revson.

Ganar partidos (clientes) para ganar la liga (cuota de mercado)

*Los recursos más importantes de una empresa
ya no se pueden tocar (al menos sin correr el riesgo
de sufrir una denuncia por acoso sexual).*
JONAS RIDDERSTRÅLE y KJELL NORDSTRÖM,
autores de *Karaoke Capitalism*

La competencia ha saltado al ruedo y nuestros cerebros han tomado la alternativa. La fuerza muscular, tan anhelada antaño, pasa a un segundo plano. La materia gris ha ganado. Y se busca y se desea en todos los puestos de la organización (figura 7). Su objetivo es sencillo: salvar con éxito los *momentos de la verdad*, como diría Jan Carlzon.

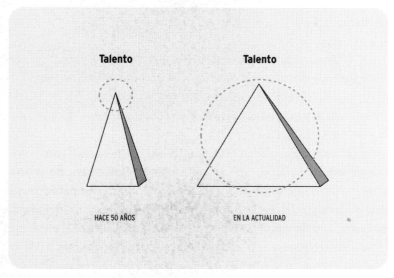

Figura 7. Talento, ¿algo novedoso?

Atención personalizada, una azafata con sonrisa *profidén* que nos ayuda amablemente a colocar el equipaje... Son imágenes que la publicidad nos vende y que, sin embargo, viven su *momento de la verdad* cuando, sentados en el avión, pulsamos el botón de llamada y la azafata nos devuelve la mirada «perdonándonos la vida», si tenemos la suerte de que nos mire. Carlzon fue nombrado presidente de SAS (Scandinavian Airline Systems), una pequeña aerolínea europea, en 1981. En menos de diez años la convirtió en uno de los principales grupos aéreos del continente porque supo gestionar adecuadamente los momentos de la verdad, es decir, aquellos instantes en los que un cliente toma contacto con la persona que representa a la empresa. «El año pasado —decía— cada uno de nuestros 10 millones de clientes estuvo en contacto con aproximadamente cinco empleados de SAS; este contacto duró un promedio de 15 segundos cada vez», y en todos ellos la compañía se jugaba su estrategia de cara al cliente.

Todo se ha hecho mil veces, pero todo hay que inventarlo en cada batalla, porque las posibilidades de expresión personal son ilimitadas.

SUN TZU, general y autor de *El Arte de la Guerra* (500 a. C.)

Los estrategas militares aseguran que la guerra se gana venciendo en las batallas. Los entrenadores tienen el mismo credo: para ganar la liga se ha de luchar en cada uno de los partidos como si fuera el decisivo. Eso mismo sucede en las empresas. Mientras que la cuota de mercado es el resultado final, la manera de conseguirlo pasa por cada cliente y por cada momento de la verdad. Para gestionarlos adecuadamente se requieren profesionales con capacidad de decisión, iniciativa y orientación al cliente.

El precio que pagamos

Sin embargo, todo tiene un precio. Los competidores nos han hecho un favor. Gracias a la presión competitiva, las compañías comenzaron a preocuparse por el talento de sus profesionales. Algo incómodo, sin duda, para organizaciones acostumbradas a la gestión basadas en el miedo... Sin embargo, también gracias a la competencia empezamos a sufrir temores más sutiles. Resulta paradójico: lo que nos rescató de los trabajos monótonos, nos devuelve a los túneles del miedo. Y estamos sólo al principio.

Sólo el 20 por ciento de la producción del mundo está abierta a la competencia global, según la consultora McKinsey. En treinta años esta cifra llegará al 80 por ciento.[33] Un día de intercambio de moneda extranjera en 2000 igualó a todos los intercambios existentes en el año 1979.[34] La presión competitiva es más potente que nunca. Antes, los competidores estaban identificados; ahora, las reglas de juego han cambiado. Pueden llegar de Asia, Latinoamérica o Europa. En un mundo sin fronteras y con la tecnología como aliada, las organizaciones hacen auténticas maravillas en los mercados locales; y cuando una multinacional mueve ficha, realiza un jaque a los competidores del país. Y el duelo puede ser entre titanes (cuando Canon atacó a Xerox), entre gigantes y pequeños (Arla Foods, la multinacional europea de leche en polvo, contra los ganaderos de República Dominicana) o entre Davides y Goliats (Dell en sus principios contra IBM). En cualquier caso, la inestabilidad de los mercados acentúa el miedo a perder competitividad, poder y, por supuesto, puestos de trabajo.

Pero todavía hay un gigante dormido que empieza a bostezar. Uno de cada cinco habitantes de la Tierra es ciudadano chino. En China, el coste de la mano de obra es muy competitivo y la capacidad de trabajo resulta de sobra conocida por todos (por algo se dice aquello de «trabajo de chinos»). Cambiarán las reglas de juego en todo el mundo en muy poco tiempo. Ya han comenzado sus primeras incursiones. Lenovo compró la división de ordenadores personales de IBM por 1.300 millones de euros a finales de 2004, la mayor operación de una empresa china en el exterior hasta la fecha. La nueva compañía se convirtió en la tercera del mundo, detrás de Dell y Hewlett Packard. En Colombia fueron los primeros en ofrecer electrodomésticos a bajo precio.[35] Introdujeron en el mercado europeo automóviles con precios inferiores a los 5.000 euros. En España compiten ferozmente con las industrias del textil y del calzado.

Y es sólo el principio. En unos años asistiremos a una interesante batalla empresarial con «sabor de salsa agridulce». Y con este panorama, la incertidumbre está servida y los miedos, a flor de piel. Hablemos de más consecuencias derivadas de la competitividad: despidos y presión del tiempo en las agendas.

SIGUIENDO LA MODA DE LOS ORÁCULOS

Estar o no estar, he ahí la cuestión

> *La historia se repite. Ése es uno de los errores de la historia.*
>
> CHARLES DARWIN (1809-1882)

El riesgo de morir por un ataque al corazón aumenta cinco veces en aquellos que se libran de una reducción de plantilla. Ésta es la escalofriante conclusión de un estudio realizado en Finlandia durante siete años y medio y en un universo de 22.000 profesionales de trabajo no manual.[36] Según dicho estudio, los «afortunados» supervivientes a reducciones de plantilla superiores al 18 por ciento, sufren mayores índices de absentismo por enfermedad y, lo que es peor, sus probabilidades de morir por parada cardiovascular se multiplican por cinco durante los siguientes cuatro años. ¿Motivos? Los investigadores atribuyen dos: por una parte, la fuerte tensión e incertidumbre por ser los siguientes en perder el puesto de trabajo; por la otra, porque obviamente había que seguir realizando la misma cantidad de trabajo con menor número de personas.

El estudio se realizó en trabajadores de servicios municipales de cuatro ciudades finlandesas y en un clima de recesión económica. Como alternativa clásica para disminuir costes, se decidió reducir la plantilla a pesar de que ni la población había menguado ni se habían dejado de demandar servicios municipales. Evidentemente, no hay que ir a Finlandia para darse cuenta de que este tipo de decisiones está a la orden del día. Las masivas regulaciones de empleo resultan muy necesarias en ocasiones, pero los «efectos colaterales» suelen ser peores de los previstos inicialmente (cuando se prevén). Al menos así queda probado en el estudio realizado por Watson Wyatt en 1.005 empresas que habían reducido personal entre 1986 y 1991. Sólo el 46 por ciento afirmaba estar satisfecho con la reducción de gastos; el 36 por ciento, con el incremento de beneficios, y sólo un mínimo 14 por ciento con la mejora de la satisfacción de los clientes.[37]

Las causas de las regulaciones de empleo son múltiples, como recoge Jaime Bonache: desde reducción de costes, fusiones y cambios tecnológicos, hasta el «triste» efecto imitación. En este último caso, los «grandes oráculos», las consultoras estratégicas y sus clientes son las estrellas invitadas de nuestra siguiente película de miedo.

Las modas que proponen los oráculos

Me interesa el futuro porque es el sitio donde pasaré el resto de mi vida.

WOODY ALLEN, actor, director y escritor estadounidense

El Oráculo de Delfos fue el principal centro religioso del mundo helénico. Estaba en Grecia, en la desaparecida ciudad de Delfos, a los pies del monte Parnaso y rodeado de manantiales. Era famoso porque allí las sacerdotisas consagradas al dios Apolo ofrecían sabios consejos a los gobernantes. Sentadas sobre una silla de tres patas, en el atrio del templo, contestaban a las preguntas que les hacían con mensajes crípticos, que luego debían ser interpretados. Una historia maravillosa pero desmitificada recientemente. Jelle Zeilinga de Boer, profesor de geología de la Universidad de Wesleyan, en Connecticut, descubrió que la zona donde se encontraba el templo está sobre una fractura geológica. Y parece que los «vapores divinos» que las inspiraban eran, en realidad, emanaciones de gases de metano y etano que «colocaban» a las sacerdotisas y las sumían en un estado delirante...[38] Lástima de mito.

El término oráculo sigue vigente en la actualidad y en el mundo empresarial está ligado a las grandes consultoras de estrategia y a sus principales clientes. Sus recomendaciones, sin duda muy estudiadas y obtenidas por métodos bien diferentes a los de las sacerdotisas de Delfos, marcan las tendencias de sus clientes y, por efecto dominó, las del resto de las empresas.

En la década de 1980 sugerían grandes estructuras. IBM era entonces el modelo de referencia de gestión por antonomasia. «Su tamaño es su clave para triunfar», aseguraba el *Financial Times* en 1992.[39] Varios años más tarde se comprobaba que ese tamaño le hacía ser tan competitivo como un elefante en una cristalería. Entonces los oráculos preconizaron la reingeniería y comenzaron a afilarse las tijeras de los despidos masivos. Más tarde el mundo se enamoró de Internet y los oráculos vaticinaron la imperiosa necesidad de estar en la red de redes. Hubo incluso a quien le recomendaron cambiar su misión, como sugirieron a una cadena hotelera argumentando que su negocio real era la venta *online* de camas y que, sólo *por necesidades de guión*, gestionaba también edificios de hoteles.

Y, por supuesto, ya hace años que los oráculos preconizan la globalización como estrategia de fondo para reducir costes. No sólo significa fabricar en países con mano de obra más barata, sino también centralizar servicios, como ciertas áreas de Recursos Humanos. Si hay alguna duda con la nómina, una llamada telefónica y alguien a miles de kilómetros da la solución.

Con esta tendencia (¿o moda?, el tiempo lo dirá), los responsables de Recursos Humanos que no estén en la central pierden poder de decisión. Todo se concentra, y quién sabe si sus puestos también. Habrá que estar atentos al próximo avance de temporada de los oráculos. Hasta que eso suceda, el miedo está servido, y la felicidad, metida en un baúl.

El tiempo, el recurso escaso

La diferencia entre Zeltia y cualquier competidora suya es que nosotros supimos esperar. Al ser yo el máximo accionista y responsable de la empresa, no tengo la presión que viven directivos de la competencia por resultados inmediatos. Por ello, supimos invertir a largo plazo.

JOSÉ FERNÁNDEZ SOUSA FARO, presidente de Zeltia

¿Cuánto tiempo permanecen los presidentes o consejeros delegados de su compañía en su puesto (si no es una empresa familiar, claro)? Esa variable dará muchas pistas acerca de la presión del tiempo. En la cultura japonesa los cargos son más duraderos que en la occidental, donde se han acortado de forma llamativa. Un 35 por ciento de las empresas del *Fortune100* sustituyeron a sus presidentes entre 1995 y 2000.[40] No sorprende que algunas multinacionales hagan gala del tiempo de permanencia de sus directivos, como es el caso de General Electric, la empresa de mayor capitalización bursátil del mundo. En sus casi cien años de vida sólo ha tenido doce presidentes. Su último máximo ejecutivo, Jack Welch, estuvo la friolera de veinte años. Todo un récord.

La presión del tiempo no es gratuita. Es uno de los precios de la creciente competitividad. En un mundo basado en el consumo, los clientes demandan cosas distintas en menores plazos de tiempo (o, mejor dicho, se ven seducidos por las compañías con productos siempre más novedosos). Las tiendas Zara, de la multinacional española Inditex, lo practican a las mil maravillas. Desde que diseñan una prenda hasta que la colocan en las estanterías pasan 10-15 días, tiempo en el que renuevan toda su colección.[41]

El 20 por ciento del conocimiento técnico de la empresa se queda obsoleto en un año.

BILL JOY, científico jefe de Sun Microsystems

El himno del marketing es la renovación. Los clientes lo buscamos. ¡Lo necesitamos! A veces, compulsivamente. Una tarjeta de crédito, unos grandes almacenes y un día con necesidad de incrementar la autoestima son la combinación perfecta para pasar del azul al rojo en la cuenta corriente... Pero quizá lo más interesante de la presión del tiempo sea su influencia en la generación de miedos y en nuestra insatisfacción personal. Día tras día tenemos que lograr resultados en menos tiempo. En Sun Microsystems se realizan estimaciones de ventas semanales y los objetivos de sus directivos son revisados en dicho lapso de tiempo. En Cisco Systems se cierran las cuentas diariamente. No hace tanto tiempo los planes estratégicos tenían una vigencia de cinco años. Ahora resulta difícil, por no decir imposible, definir estrategias a más de un año vista. Y parece que el tiempo se comprime aún más. Mientras que en la pasada década, el período transcurrido desde la fase de diseño de un automóvil hasta la de su comercialización se había reducido en un 30 por ciento, lo que implicaba pasar de tres a dos años en números redondos, en la actualidad la industria japonesa tiene como objetivo disminuir el plazo a menos de un año.[42] En definitiva, tenemos que conseguirlo todo para anteayer. Y esa presión nos genera miedos que, al final, nos empujan a la frustración.

> *Vivimos atrapados en la tiranía*
> *del nanosegundo.*
>
> JEREMY RIFKIN, presidente de la Fundación de Tendencias
> Económicas de Washington

Como respuesta a la presión del nanosegundo han surgido curiosas alternativas sociales como «la cultura de ir despacio o *slow life*». Este movimiento nació en Roma en 1986 como protesta por la apertura de un restaurante de comida rápida (*fast food*) en la archiconocida escalinata de la Piazza di Spagna. El objetivo era proponer un concepto de comida tranquila, sin prisas (*slow food*). De ahí surgió una asociación[43] que actualmente cuenta con más de 65.000 miembros y que defiende otros fines como crear ciudades sin prisas o colegios sin timbres. En ambos casos hay seguidores, como la ciudad italiana de Bra, de 15.000 habitantes, en donde está prohibido circular a más de 20 km/h, o el colegio Martin Luther King, en Berkeley, donde los alumnos disponen incluso de huertos para cultivar sus propios alimentos... Son propuestas alternativas para luchar contra la tiranía del reloj, pero que están muy lejos de ser una solución válida en el mundo empresarial si no se quiere, claro está, ser devorado por la competencia.

DISPAROS DE BILLY EL MIEDO

El entorno genera miedos más sutiles, lo sabemos. Pero las compañías tienen el desafío de afrontarlos y de no emplearlos como herramienta. La gestión del miedo actúa como *Billy el Niño*: dispara contra el potencial de los profesionales, contra el cambio y la innovación. Si decide optar por este camino, conozca cuáles son sus víctimas.

Figura 8. Disparos del miedo

Réquiem por el talento

Donde hay miedo [...] hay cifras erróneas.

EDWARD DEMING, pensador y propulsor de la calidad (1900-1993)

¿Qué automóvil preferiría comprar, uno que tuviera que reparar tres o cuatro veces durante el primer año u otro cuyo número de reparaciones fuera una o ninguna? La solución es fácil, como contundente fue la respuesta que dieron los estadounidenses en la década de 1970. Contra todo pronóstico, éstos guardaron sus valores patrióticos en un cajón y comenzaron a comprar automóviles japoneses. Los motivos eran obvios. En 1977, Hertz, la conocida empresa de alquiler de automóviles, realizó un estudio sobre el número de visitas al taller por cada 100 vehículos de su flota. Ford y Chevrolet alcanzaron el total de 326 y 425, respectivamente, mientras que Toyota sólo registraba 55. La causa de esta diferencia se debía a un proceso que había comenzado en la industria japonesa en la década de 1950 y, cosas de la vida, gracias a un estadounidense, Edwards Deming.

Deming es el padre de la calidad y fue condecorado por el emperador Hirohito con la medalla del Tesoro Sagrado de Japón, en 1960, por los honores a la patria. Su modelo de calidad, que tanto éxito obtuvo en el país nipón, consta de catorce puntos, nueve de ellos relacionados con el miedo.[44] Según Deming, el miedo anula la motivación y la capacidad de reflexión de la persona. Las investigaciones sobre el cerebro humano avalan su teoría, como hemos visto. Cuando desarrollamos nuestro potencial, nuestras conexiones neuronales interaccionan alegremente. Cuando el miedo se adentra en nuestras entrañas, secuestra las conexiones y, de paso, nuestro talento. En esa situación, es imposible que nos orientemos al cliente, ejerzamos liderazgo o tengamos iniciativa. Alguien con miedo está orientado exclusivamente hacia su jefe.

Cuando el miedo entra por la puerta,
el talento se va por la ventana.

Y recordemos algo más: la innovación se produce en ambientes de libertad, donde no se penaliza el error y se pueden aportar propuestas de mejora. Las personas somos creativas en esencia. Sólo necesitamos el entorno adecuado y unos objetivos que alcanzar. Cuando creen (y creemos) en nosotros superamos nuestros propios límites. Si la organización se encarga de ello, el resto vendrá dado, incluso arrasar en el mercado del país de Henry Ford. Primera víctima del miedo: el talento de los profesionales.

Las personas serán más creativas cuando
se sientan motivadas principalmente por el interés,
la satisfacción y el desafío del propio trabajo y no
por las presiones externas.
EDWARD DEMING

Por cierto, en 1980 la NBC emitió el reportaje titulado «Si Japón puede, por qué nosotros no». Fue entonces, y sólo entonces, cuando los estadounidenses descubrieron a su compatriota... y gracias a la televisión, porque Deming llevaba escribiendo artículos e impartiendo conferencias en su país desde hacía casi treinta años.[45] Una vez más se cumplió el refrán de que nadie es profeta en su tierra.

Miedo = «Cortoplacismo»

No se puede gestionar el cambio, sólo se puede ir por delante de él.

PETER DRUCKER, escritor y gurú en gestión de empresas

En 1865, Fredik Idestam, un ingeniero de minas finés, creó una fábrica de pasta de papel que, con el paso del tiempo, se diversificó y comercializó, además, calzado, neumáticos e impermeables. Ciento treinta y tres años después, en 1998, alcanzó el liderazgo mundial y no precisamente por la venta de papel o de caucho, sino de teléfonos móviles (celulares, *al otro lado del charco*). Efectivamente, hablamos de Nokia. A principios del siglo XXI su cuota del mercado mundial era del 27 por ciento, contaba con más de 55.000 empleados en 45 países, estaba considerada como una de las compañías más innovadoras y admiradas de este planeta..., y su origen está en un pueblecito de Finlandia. No está nada mal para esta centenaria oriunda de un país con poco más de cinco millones de habitantes.

Nokia es el caso de una organización que ha sabido sobrevivir y transformarse a lo largo de su historia. Son pocas las empresas centenarias que han conseguido reinventarse y saborear el liderazgo. ¿Cuáles son sus secretos? Adaptarse al cambio y reinventarse a sí mismas. Sin embargo, si hay miedo, se es miope ante el futuro. Se piensa que el pasado es mejor que lo que puede venir y no hay ninguna reinvención posible.

> *Una de las características de mi forma de ser*
> *es que cuando analizo un cambio me fijo más en las*
> *ventajas del futuro que en lo que dejo de ganar.*
>
> JOSÉ CABRERA, presidente honorario
> de Sun Microsystems Iberia

Miedo = «Cortoplacismo». Podría ser una forma de resumir el impacto. Un equipo con miedo es incapaz de ver más allá de la amenaza. Y puede que una de las características más relevantes de un emprendedor o innovador es que se fija más en lo que va a conseguir que en lo que pierde. «¿Optimista o pesimista mal informado?», como dice el chiste. Las investigaciones de Seligman han demostrado que los optimistas procesan más información del medio que los pesimistas, quienes lo ven todo de color de negro. Y sobra decir que las organizaciones ancladas en el pasado son un buen aperitivo para sus competidores. Segunda víctima del miedo: el cambio y la visión a largo plazo.

La recatada creatividad

> *Generalmente encontramos petróleo*
> *en lugares nuevos con ideas viejas. A veces, también*
> *encontramos petróleo en lugares viejos con ideas*
> *nuevas. Pero raras veces encontramos petróleo en*
> *lugares viejos con ideas viejas. En el pasado creímos*
> *que se nos acababa el petróleo... cuando en realidad*
> *lo que se nos acababan eran las ideas.*
>
> PARKE ATHERTON DICKEY, profesor de la Universidad de
> Tulsa, Oklahoma

Nokia estuvo a punto de desaparecer. Sus más de 130 años de vida no fueron todos de color de rosa. Los malos resultados acumulados provocaron que su principal accionista, un banco, hiciera una oferta de venta de sus acciones a Ericsson, su vecino sueco, en 1991. Y ésta dijo que no.[46] Es probable que tiempo después, cuando Nokia comenzó a fagocitar la cuota de mercado de Ericsson, más de un miembro del Consejo de Administración de esta última se preguntara cómo dejaron pasar tal oportunidad. Desde aquel año, la historia de Nokia cambió. Llegó a destronar de su liderazgo a la mismísima Motorola en su propio feudo, Estados Unidos. Y las raíces de su éxito hay que buscarlas en su capacidad de innovación.

A principios de la década de los noventa, los teléfonos móviles de Nokia no eran demasiado atractivos. Tenían una buena tecnología, pero pesaban más del doble que los últimos modelos japoneses. Por ello, Jorma Ollila, presidente y consejero delegado de Nokia, impulsó la investigación a través de acuerdos con universidades de todo el mundo, y apostó por convertir al teléfono en un «objeto de deseo». A partir de esa premisa, desarrollaron conceptos novedosos: *display* con menú de opciones, carcasas intercambiables, tonos diferenciados..., entre otros *gadgets*. Ofrecieron la posibilidad de que cada cliente personalizara su producto. Y fue un éxito abrumador. Logró el liderazgo en el mercado e impuso tendencias. El «correctísimo» *Financial Times*[47] llegó a decir en 2001: «Ericsson perdió el último año 2,3 millones de dólares en aparatos de teléfonos móviles porque sus productos son feos». En la actualidad, el diseño es una constante para todos los competidores en el mercado de la telefonía móvil.

Hace quince años las empresas competían por el precio. Ahora lo hacen por la calidad. Mañana lo harán por el diseño.

ROBERT HAYES, profesor de la Harvard Business School

Nokia se convirtió en 2001 en la quinta marca más admirada del mundo, sólo por debajo de Coca-Cola, Microsoft, IBM y GE, y la única europea entre las diez primeras, según el análisis que realiza anualmente *Business Week*.[48] En 2005 ocupó un merecido sexto puesto... Y es que Nokia supo introducir en los teléfonos móviles la melodía de la seducción. La compañía posteriormente perdió cuota de mercado, porque la competencia es fuerte en un segmento tan apetecible. Sus rivales están imitando su apuesta por la innovación y no es fácil identificar las tendencias y las tecnologías que van a triunfar en el futuro. Pero independientemente de ello, extraemos una idea: la innovación eleva a la empresa a los altares del liderazgo y el miedo es su gran enemigo.

> *La creatividad es el destino, pero el valor es el viaje.*
>
> JOEY REIMAN, experto en creatividad y autor de
> *Thinking for a Living*

Creamos interaccionando. Las bacterias se desarrollan intercambiando información en formato de ADN. La innovación surge del trabajo entre varios equipos, como hizo Nokia. Incluso el Renacimiento se desarrolló en las escuelas de las distintas artes, no a través de genios aislados. Pero para que todo ello surja se ha de dar el entorno físico y emocional adecuado.

> *Nosotros configuramos nuestros edificios y ellos nos configuran a nosotros.*
>
> WINSTON CHURCHILL, primer ministro británico (1874-1965)

Steelcase, empresa de mobiliario de oficinas, propone lo que denomina *flexible office*. Diseños que se adaptan a las necesidades de los equipos. Hacen las veces de sitio de trabajo individual o de reunión, de manera que no hace falta irse a la máquina de café para hablar con el compañero. Pero, para ello, hacen falta superficies diáfanas. No se puede crear en islas perdidas, ni en cubículos estáticos que más que creatividad producen claustrofobia. Tampoco se puede crear con empleados-autómatas que necesitan la aprobación del jefe o con estilos de dirección basados en la amenaza. Seamos coherentes. La creatividad es demasiado «recata» para prodigarse en determinados ambientes, y los de miedo no son precisamente sus novios preferidos. Tercera víctima del miedo: la innovación y la creatividad.

Mañana seré feliz

A pesar de haber creado todo tipo de aparatos para ahorrar esfuerzo y tiempo, empezamos a tener la sensación de que disponemos de menos tiempo para nosotros que cualquier otro humano en la historia.

JEREMY RIFKIN, presidente de la Fundación de Tendencias
Económicas de Washington

¿Pospone su ocio por su trabajo? ¿Sacrifica horas de sueño? Son algunos de los síntomas del miedo constante de no llegar a los objetivos, algo que se ha convertido en una enfermedad. Se trata del "síndrome de la felicidad aplazada" (*deferred happiness syndrome*), que afecta al 40 por ciento de los profesionales de países desarrollados como Australia.[49] Identifiquemos sus síntomas:

1. ¿Busca una vida con mejores comodidades (casa, automóvil, colegios, vacaciones...) y eso le obliga a trabajar más horas y más duramente?

2. ¿Tiene la necesidad de ahorrar todo cuanto pueda para su jubilación, momento quizá sublimado?

3. ¿Tiene miedo a cambiar de trabajo y prefiere seguir con el estrés con el que vive?

Las consecuencias del síndrome son varias. Por una parte, se sacrifica la felicidad presente trabajando y trabajando porque se piensa que en el futuro todo cambiará. Por otra parte, se tiene pánico a tomar riesgos que impliquen perder la seguridad de lo que se tiene. Si me permito ciertos caprichos en la actualidad, puedo poner en peligro mi estilo de vida futuro. Sólo los problemas de salud o una crisis laboral o personal consiguen empujar a la persona a buscar otras alternativas. Esto se traslada también al mundo de la empresa. ¡No puedo lanzarme a inversiones futuras que resten esfuerzos a lo que actualmente estoy logrando! ¡No puedo dejar de conseguir los objetivos ni evitar dejarme la piel todos los días! Mientras tanto, estoy perdiendo mi calidad de vida por el camino y mi competitividad si soy empresa.

Por cierto, nos falta otra víctima del síndrome de la felicidad aplazada: los hijos, quienes ven a sus padres en fotografía durante la semana. Por supuesto, ellos trabajan duramente para darles un nivel de vida que consideran adecuado. Como comentó un directivo: «Trabajo y viajo mucho, pero lo hago por mi hijo. De esta forma, mi mujer no trabaja y así él puede estar más con su madre». Pero parece que los hijos prefieren más tiempo de *ambos* padres que otro tipo de regalos. Así se evidencia en un estudio realizado por Pocock y Clark.[50] Los niños entrevistados eran conscientes del esfuerzo de sus progenitores, pero al mismo tiempo afirmaban que cuando ellos llegaran a esa situación escogerían dedicar más tiempo a sus hijos antes que buscar el éxito en el trabajo. Habrá que verlo.

Mientras el tratamiento con quimioterapia del
cáncer dura unas semanas, tratar el agotamiento
lleva mucho más tiempo.
LEIF EDVINSSON, profesor de la Universidad de Lun (Suecia)

No hace falta vivir el síndrome de la felicidad aplazada para saber que el miedo es un mal enemigo de nuestra calidad de vida y de nuestra felicidad. En cincuenta años hemos multiplicado varias veces nuestra capacidad adquisitiva y, sin embargo, nuestros índices de felicidad permanecen igual y, lo que es peor, las depresiones se han multiplicado por diez en los países desarrollados.[51] Nuestra felicidad está en la sala de urgencias: dos de los medicamentos más vendidos en el mundo son los antiulcerosos y los antidepresivos.[52] Es decir, estrés y tristeza. En este *top ten* de los fármacos, los líderes de ventas son los reductores del colesterol producido por la alimentación excesiva e inadecuada. En un mundo donde parte de la población pasa hambre, otra parte ha de medicarse por exceso de grasas. Y los miedos nos hacen más propensos a las enfermedades y a "dejar pasar la vida", en vez de involucrarnos en ella.

Elisabeth Kubler-Ross,[53] médico que trabajó con enfermos terminales durante casi cuarenta años, escribió que las personas nos lamentamos de dos cosas antes de morir: de no habernos reconciliado con alguien, un familiar generalmente, y de no habernos atrevido a hacer más cosas. Si no tuviéramos miedo, ¿en cuántas más cosas nos involucraríamos? Cuarta víctima del miedo: nuestra calidad de vida y nuestra felicidad.

La felicidad consiste en percibirse a uno mismo
sin miedo.
WALTER BENJAMIN, filósofo (1892-1940)

ALGUNAS CLAVES
SOBRE EL PRECIO DEL MIEDO:

- **Dos opciones.** Dirigir a los profesionales en función del miedo o en función del NoMiedo. La primera permite, en algunos casos, beneficios a corto plazo, pero difícilmente a medio y largo. La segunda es más compleja, pero más rentable y necesaria en mercados de alta competitividad.

- **Gracias, competencia...** La presión competitiva es también la que genera miedos más sutiles, debido a los despidos, la incertidumbre y la presión del tiempo en las agendas.

- **...pero.** La presión competitiva es también la que genera miedos más sutiles, debido a los despidos, la incertidumbre y la presión del tiempo en las agendas.

- **Víctimas de la gestión basada en el miedo.** La utilización del miedo en las empresas *dispara* contra:

  · El talento de los profesionales: anula la motivación y la capacidad de reflexión de la persona.

  · El cambio y la visión a largo plazo: reina el «cortoplacismo», se es incapaz de ver más allá de la amenaza.

  · La innovación y la creatividad: paraliza la sinapsis neuronal que nos hace ser más creativos.

  · La calidad de vida y la felicidad: posponemos nuestra felicidad para disfrutarla en el futuro y nos impide que emprendamos nuevos proyectos que, a la larga, son los que nos dan satisfacción.

DESAFÍO PARA
LAS ORGANIZACIONES NOMIEDO

*El campo de batalla está aquí: en nosotros mismos
y en nuestras instituciones.*

JOHN DEWEY, filósofo (1859 - 1952)

UN MARCO PARA EL DESAFÍO

¿Cómo se trasmite el miedo en la empresa?

Un equipo de científicos colocó a cinco monos en una jaula y, en su interior, una escalera y, sobre ella, un montón de plátanos. Cuando uno de los monos subía a la escalera para coger los plátanos, los científicos lanzaban un chorro de agua fría sobre el resto. Después de algún tiempo, cuando algún mono intentaba subir, los demás se lo impedían a palos. Al final, ninguno se atrevía a subir a pesar de la tentación de los plátanos. Entonces, los científicos sustituyeron a uno de los monos.

Lo primero que hizo el nuevo fue subir por la escalera, pero los demás le hicieron bajar rápidamente y le pegaron. Después de algunos golpes, el nuevo integrante del grupo ya no volvió a subir por la escalera. Cambiaron otro mono y ocurrió lo mismo. El primer sustituto participó con entusiasmo en la paliza al novato. Cambiaron un tercero y se repitió el hecho. El cuarto y, finalmente, el último de los veteranos fueron sustituidos.

Los científicos se quedaron, entonces, con un grupo de cinco monos. Ninguno de ellos había recibido el baño de agua fría, pero continuaban golpeando a aquel que intentaba llegar a los plátanos. Si fuese posible preguntarle a alguno de ellos por qué pegaban a quien intentase subir a la escalera, seguramente la respuesta sería: "No sé, aquí las cosas siempre se han hecho así".

La cultura no sólo trasmite el miedo, sino la forma.

ENRIQUE LUQUE, profesor de la Universidad

Autónoma de Madrid

Final de la historia: unos monos hambrientos y doloridos y unos plátanos que nadie se come. ¿Se puede permitir este lujo alguna empresa? Llevamos muchos años funcionando en función del miedo... Y aunque las diferencias en nuestro genoma se reducen a un 4 por ciento en comparación con el de los chimpancés,[54] las compañías tienen la posibilidad de cambiar, de construir otro futuro. Pueden optar por métodos más complejos pero más rentables, basados en el talento, el cambio y la innovación. Y pueden romper la inercia *simiesca*. Ahí reside su gran desafío.

Es más fácil desintegrar un átomo que un prejuicio.

ALBERT EINSTEIN (1879-1955)

Aviso a navegantes: no hay empresa perfecta, ni fórmulas mágicas. Muchos de los miedos los traemos de casa, otros se encargan las organizaciones de potenciarlos (como antes lo hizo la interacción con los hermanos, los grupos de amigos o nuestros compañeros del equipo de deporte). Pero las compañías pueden actuar. Tienen mecanismos binarios: o generan miedo o alivian los temores. O uno u otro. Si se opta por la gestión basada en el miedo, el modelo es el clásico. No se ganará ningún premio a la innovación (otra cosa es que la competencia se lo permita). Si se decide por la segunda alternativa, se deberá crear un marco de contención (figura 9) que evite los miedos tóxicos y dé juego al potencial de sus profesionales. ¿Cómo? Empleando los mecanismos adecuados para impulsar una organización **NoMiedo** (tabla 8). Y como no hay recetas universales, su aplicación dependerá de cada empresa. Veamos a continuación cada mecanismo y los desafíos que éstos entrañan.

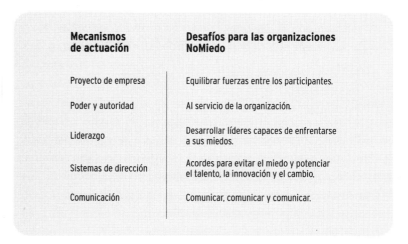

Mecanismos de actuación	Desafíos para las organizaciones NoMiedo
Proyecto de empresa	Equilibrar fuerzas entre los participantes.
Poder y autoridad	Al servicio de la organización.
Liderazgo	Desarrollar líderes capaces de enfrentarse a sus miedos.
Sistemas de dirección	Acordes para evitar el miedo y potenciar el talento, la innovación y el cambio.
Comunicación	Comunicar, comunicar y comunicar.

Tabla 8. Mecanismos para organizaciones NoMiedo

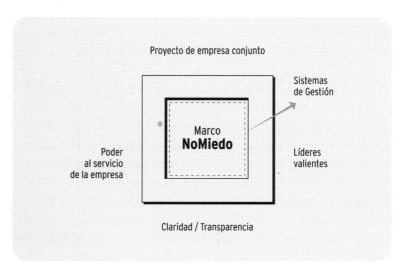

Figura 9. Un marco para aislar el miedo

¿POR ESENCIA O POR ESTÉTICA?

Desafío: la empresa como un proyecto compartido

*Entiendo la empresa como un proyecto de vida
conjunto para crear valor a todos sus participantes.*

PEDRO LUIS URIARTE, presidente de Economía, Empresa, Estrategia

Director general por elección

¿Puedo elegir a mi director general? Sí, si trabajo en MCC, Mondragón Corporación Cooperativa.[55] Los orígenes de MCC se remontan a 1956, cuando cinco estudiantes decidieron crear una fábrica de estufas. Detrás de ellos estaba el religioso José María Arizmendiarrieta, *alma mater* del proyecto. En la actualidad consta de 100 cooperativas independientes, que comprenden más de 150 negocios (Fagor, Irizar, Eroski...), emplea a más de 70.000 personas y se encuentra presente en 65 países. Cada socio trabajador tiene un voto independientemente del puesto que ocupe y de su participación en la propiedad. En la asamblea general de socios se elige al consejo que nombra a los "directores generales" y jefes de división para cuatro años.

La competitividad de MCC resulta indiscutible. Entre sus múltiples reconocimientos internacionales, cuenta con el de ser una de las diez empresas preferidas para trabajar en Europa según la revista *Fortune*, junto a compañías como Ferrari, Bacardí Martini o Nestlé. ¿Motivo? Igualdad, capacidad individual para la toma de decisiones, ausencia de una atmósfera jerárquica... Todas ellas están recogidas en su misión:

«Mondragón Corporación Cooperativa es una realidad socioeconómica de carácter empresarial, con hondas raíces culturales en el País Vasco, creada por y para las personas, inspirada en los principios básicos de nuestra experiencia cooperativa, comprometida con el entorno, la mejora competitiva y la satisfacción del cliente, para generar riqueza en la sociedad mediante el desarrollo empresarial y la creación de empleo».

MCC es un caso excepcional, tanto es así que es objeto de estudio por la prensa anglosajona. Cuando Henry Mintzberg, uno de los padres de las teorías organizativas de los últimos tiempos, visitó la empresa sugirió la posibilidad de «producción en masa de Mondragones en el mundo».

Equilibrio de fuerzas... ¿El más difícil todavía?

Figura 10. ¿Fuerzas en equilibrio?

Ser empresario significa cifra de negocios, rentabilidad. Ser empresario es tener una visión global del negocio, es detectar oportunidades y riesgos. Ser empresario es sinónimo de resultados.

MAGDA SALARICH, directora comercial y de marketing de Citröen en Europa

Primer objetivo de una empresa: ganar dinero. La forma de obtenerlo depende del propio proyecto de compañía. No hablamos del tipo de producto que fabrica o de si se dedica a la venta de ropa o de preservativos, ni tampoco de la maravillosa misión que publique en sus páginas web. Nos referimos a su propia esencia, a lo que se respira en el interior de la compañía y que sólo conoce quien trabaja en ella. Nos referimos a cómo concibe el reparto de valor entre los distintos participantes o *stakeholders* (accionistas, directivos, profesionales, clientes y sociedad). Los cinco actúan como ejes de un átomo, que ejercen fuerzas distintas (figura 10), a veces aparentemente contradictorias (los accionistas ganan dinero si se hace una regulación de empleo), y otras, complementarias (cuanto más motivadas estén las personas, mejor calidad de servicio dan al cliente y más dividendos a los accionistas).

El proyecto de empresa y el equilibrio entre los cinco participantes o *stakeholders* lo deciden los propietarios o los primeros niveles directivos. Si usted no está en esas posiciones, no se preocupe. Se puede impulsar el **NoMiedo** desde cualquier punto de la compañía. Dependiendo del tipo de proyecto, se intentará crear valor a todos de forma equilibrada, como es el caso de MCC, donde accionista = directivo = profesional, o se beneficiará a unos a costa del resto..., aunque ciertamente en el reparto no suele haber mucha originalidad.

Crear valor es lo opuesto al miedo. Crear valor es enriquecer; generar miedo, vaciar. ¿Podría la compañía de la pasta dentífrica de la que somos clientes tomar represalias si decidiéramos cambiar de marca? ¿O la empresa en cuyas acciones hemos invertido nuestro dinero? Pero ¿y nuestro jefe? Este último tal vez, en los otros casos es difícil (aunque siempre habrá algún osado que lo intente). Cuando se utiliza el miedo como herramienta de gestión se emplea habitualmente con dos de los *stakeholders*: profesionales y directivos (a ser posible, no del primer nivel).

Es extraño que suceda con accionistas, clientes y sociedad. Y el motivo debemos buscarlo en la libertad de elección. Los profesionales somos libres y podemos cambiar de empleo, pero no es tan fácil como cambiar de marca de sopa. Si fuera tan sencillo, como ocurría en la época de Internet con ciertos ingenieros, la dirección no utilizaría la herramienta del miedo. Por ello, cuando hablamos de proyecto de empresa nos referimos a cómo se concibe el reparto de poder entre los cinco participantes o *stakeholders*, pero, en especial, a profesionales y ciertos directivos.

> *Tendremos que volver a definir*
> *el propósito de la organización empleadora y el de su*
> *directiva para que las dos satisfagan a los propietarios*
> *legales (como accionistas) y a los propietarios del*
> *capital humano que otorga a la empresa su capacidad*
> *de generar riqueza (es decir, a los trabajadores).*

PETER DRUCKER, escritor y gurú en gestión de empresas

La ciencia ficción en las empresas

Nuestros valores

Respeto. Tratamos a los demás como nos gustaría que nos trataran. No toleramos el trato irrespetuoso o abusivo. La crueldad, la falta de sensibilidad y la arrogancia no tienen cabida entre nosotros.

Integridad. Trabajamos con nuestros clientes, tanto actuales como potenciales, de una manera abierta, honesta y sincera. Cuando decimos que haremos algo, lo hacemos; cuando decimos que no podemos hacer algo o que no haremos algo, no lo hacemos.

> **Comunicación.** Tenemos la obligación de comunicar. Aquí nos tomamos el tiempo necesario para hablar con los demás... y para escuchar. Creemos que la información promueve el movimiento, que mueve a la gente.
>
> **Excelencia.** No estamos satisfechos si no hacemos lo mejor en cada una de las cosas que hacemos. Y continuaremos elevando el listón. Nuestra mayor alegría será para todos nosotros descubrir lo buenos que podemos llegar a ser.

Respeto, integridad, comunicación y excelencia. ¿A quién no le gustaría trabajar en una empresa con estos valores? La empresa en cuestión era Enron y éstos exactamente sus valores, al menos, los que publicaba en el año 2000. Enron nació como una mega-compañía dedicada a la producción y transporte de electricidad y gas natural. Llegó a ser la sexta empresa por facturación de Estados Unidos, un símbolo económico de su país y modelo de pasarela para periodistas y estudiosos de empresas. Pero a finales de 2001 Enron se declaró en quiebra, debido a las prácticas delictivas de sus máximos responsables. Fue uno de los mayores escándalos empresariales de la historia. Supuso la pérdida del empleo para cerca de 22.000 personas, la desaparición por arte de magia de 30.000 millones de dólares en acciones de la compañía en Wall Street y el embolso de 1.100 millones en metálico que se *llevaron* veintinueve directivos unos meses antes, cuando todavía era una de las estrellas de la bolsa neoyorquina.[56]

No es cuestión de detallar aquí los entresijos de Enron, ya que hay material para una novela de suspense de las que no acaban bien, pero una cosa está clara: estos directivos buscaron su interés personal por encima del de accionistas, clientes, profesionales y del de cualquier otro bicho viviente... Y muy a pesar de sus maravillosos valores publicados. Por cierto, tiempo después de la quiebra de la empresa, antiguos empleados subastaron en eBay todo tipo de accesorios representativos (pins, diplomas al mejor trabajador...) y uno de los más cotizados, por 15,50 dólares, fue el *Código ético* que se les entregaba a cada uno... Está claro que algunos aprendieron rápidamente que cualquier circunstancia adversa puede ser vista como una oportunidad. Qué remedio.

Aun así, no hace falta llegar al extremo de Enron para asistir a escenas de ciencia ficción entre lo que se dice y se hace (aunque Enron estaría nominada para todos los oscars). Términos como responsabilidad social corporativa, medio ambiente, ética empresarial, cliente o talento inundan las páginas web de las compañías y los discursos de sus directivos. Sin duda, no son pocas las compañías y los profesionales que se preocupan en esencia por esas cuestiones, pero hay otras que se apuntan por estética. En un mundo donde el prestigio (¿de la empresa o de quien lo dice?) es tan importante, resulta difícil no subirse al carro del dictado de las modas. Pero sólo quien está dentro puede saber si las palabras tienen una vocación de marketing o de interés real.

La pregunta de los 819.672 euros

Todos los hombres se parecen por sus palabras;
solamente las obras evidencian que no son iguales.
MOLIÈRE, escritor y dramaturgo (1622-1673)

Pregunta del millón de dólares (o de los 819.672 de euros, como hay que leer en alguna triste traducción): ¿se puede crear valor a los profesionales de forma equilibrada con respecto al resto (accionistas, clientes, primeros niveles directivos y sociedad)? Por supuesto. No es tarea fácil, pero son los hechos, que no las palabras, los que así lo demuestran. En MCC la creación de empleo forma parte de su misión y de su esencia. *Fue creada por y para las personas.* La diferencia salarial entre la persona que más cobra con la que menos es de seis veces (*bonus* por objetivos aparte). En las grandes compañías estadounidenses la cifra era de 40, en 1980, y de 400 en 1990[57] (el incremento se debe a las políticas salariales de la compra de acciones). Por cierto, Platón en su libro *La República* recomendó que ningún hombre debía cobrar más de cinco veces de lo que cobraba el que menos (¿se inspiraría Mondragón en la Grecia Clásica?). Y la solidaridad salarial de MCC no sólo es interna, sino también externa, en comparación con el resto del mercado laboral.

Y ¿cómo crear valor al profesional? De distintas maneras,[58] pero una de las más básicas es actuando sobre la autoridad y el poder. Es un terreno resbaladizo, como todo lo importante, pero constituye la base del miedo. Si las organizaciones quieren ser **NoMiedo**, tendrán que ponerse la mascarilla, tomar el bisturí e intervenir en su órgano más delicado.

PODER: EL CORAZÓN DEL MIEDO

Desafío: el poder al servicio de la empresa

Su movimiento sibilino

> *El castigo y el miedo están fuertemente correlacionados y profundamente enraizados en el inconsciente de los miembros de una organización.*
> STEVEN APPELBAUM,
> profesor de la Concordia University, Canadá

Skinner fue el padre del conductismo en psicología. Básicamente, su teoría se articula sobre el supuesto de que nuestra conducta está regulada por las consecuencias del premio o del castigo;[59] es decir, la zanahoria y el palo. A nadie le desagrada que le premien por algo. El problema está en el castigo (o penalización, que suena mejor). La función de éste, según Skinner, es el cambio de comportamiento. Y sólo lo puede ejercer quien tenga poder. Si queremos que un informático deje de llegar tarde al trabajo se le puede echar la bronca o amenazar con una posible sanción. Pero esto sólo surtirá efecto si quien lo lleva a cabo tiene poder jerárquico. Lógicamente, las consecuencias no serían las mismas si quien lo hiciera fuera el guardia de seguridad de la entrada:

Sólo quien tiene poder puede generar miedo

No hace falta sufrir el miedo para saber que está ahí. ¡Debe de ser de las pocas cosas que aprendemos en cabeza ajena! Si nos enteramos de que un director ha perdido su posición porque no se llevaba demasiado bien con el nuevo presidente, aunque no seamos directamente los «caídos en desgracia», nos volveremos sensibles a ese riesgo... El miedo es sibilino. Se apodera de nuestra mente con sólo imaginarlo. Los directores de películas de terror son expertos en su manejo y algunas personas y organizaciones, también.

Aún así al mismo tiempo ¡somos libres! Cada uno vive el poder como él o ella considere. Evidentemente, alguien que tenga la alternativa de cambiar de empresa sin demasiados problemas o que, por defecto, cuestione las normas será menos transigente ante el poder. Hay quien recibe multas de tráfico que paga inmediatamente por miedo a la autoridad (lo que unos llaman civismo) y otros que las dejan en una estantería hasta que «germinen» (lo que otros calificarían de *poco cívico*).

El hombre, en última instancia,
se determina a sí mismo.

VIKTOR FRANKL, psiquiatra y autor de

El hombre en busca de sentido (1905-1997)

Necesitamos el poder...

¿Mil millones de «clientes», más de un millón de «empleados» y veinte siglos de historia a sus espaldas? Sin duda, la Iglesia católica es una de las organizaciones más exitosas de la historia. Todo un modelo que estudiar. Una de las claves de su estabilidad, al igual que en el caso del ejército, es un sistema basado en una férrea jerarquía (por supuesto, su misión y sus valores explican parte de su éxito. Ofrecer soluciones que trascienden la muerte, el miedo más importante del ser humano, tiene muchas «ventajas competitivas»). A lo largo de la historia las empresas han funcionado con jerarquía, inspiradas por éstas y otras instituciones. En ellas, el poder está perfectamente definido y cae en cascada de arriba a abajo. Y ha sido un modelo que ha tenido su éxito..., al menos hasta ahora (el descenso de vocaciones religiosas y militares de las últimas décadas invita a pensar que algo está cambiando en la sociedad).[60]

En todo grupo organizado
de mamíferos, cualquiera que sea el grado
de cooperación que en él exista, se halla siempre
presente una lucha por el dominio social.

DESMOND MORRIS,

antropólogo y autor de *El mono desnudo*

¡Necesitamos una cierta distribución del poder para vivir en sociedad! Aunque resulte un «atentado intelectual» para algunas mentes rebeldes, la biología y la antropología así lo demuestran. Los monos, lobos o perros del desierto viven en manada y tienen un jefe que, en este caso, coincide con el más fuerte. En el caso de los animales se da una relación simbiótica: tú me proteges, yo te obedezco. Y si no acepto las reglas de juego, me monto mi propio clan con otros que estén dispuestos a hacerme caso.

Los aztecas, los mayas o los incas, todos ellos sedentarios, poseían jerarquías claramente definidas y muy bien estructuradas. También ocurría en los pueblos nómadas. En las tribus de los onas, ubicadas en Tierra del Fuego, los ancianos y hechiceros encabezaban la estructura social. Parece, entonces, que necesitamos una cierta distribución del poder para vivir colectivamente. Otra cuestión es qué tipo de poder, con qué finalidad y qué formas hay de oponerse a él sin perder el cuello en el intento. La Inquisición, un mordisco del león dominante o una sanción son ejemplos de métodos que velan por la estabilidad de la jerarquía. Y no es lo mismo que el poder se obtenga por un sistema democrático que por otros métodos no tan participativos. Según Seligman, la democracia es el sistema político que más felicidad produce. Decidir quién nos gobierna tiene consecuencias más que positivas en todos los sentidos.

... con participación...

No tiene sentido contratar a personas inteligentes y después decirles lo que tienen que hacer. Nosotros contratamos a personas inteligentes para que nos digan qué tenemos que hacer.

STEVE JOBS, presidente de Apple

Ricardo Semler es el accionista mayoritario de Semco, astillero brasileño, y un empresario rupturista. Cuando tomó las riendas de la compañía familiar en 1982, la empresa facturaba cuatro millones de dólares y tenía 90 empleados. En el año 2003, su facturación ascendió a 212 millones y contaba con 3.000 trabajadores. Este crecimiento exponencial se debió a prácticas más que innovadoras en la gestión de los profesionales. A principios de la década de los noventa, los astilleros asiáticos empujaron a una profunda crisis al resto de competidores. Fue entonces cuando Semler llevó a cabo reformas radicales: impuso recortes salariales, que llegaron a ser de un 40 por ciento en el caso de los directivos. A cambio de ello, los profesionales tenían la opción de escoger sus horarios e, incluso, proponer su tipo de salario. Actualmente, tienen once formas diferentes de cobrar, que van desde salarios fijos y variables, hasta opciones sobre acciones combinables de diferentes maneras.[61] Los empleados evalúan a sus directivos y ejercen lo que Semler llama una auténtica dirección democrática. ¿Resultado? Además de salir de la crisis y posicionar la compañía a nivel mundial, Ricardo Semler recibió múltiples reconocimientos internacionales. *The Wall Street Journal* y el World Economic Forum, entre otros, lo nombraron empresario modelo, y la revista *Time* lo seleccionó como uno de los cien jóvenes líderes del mundo en 1994.

¿Qué tienen en común Semco o MCC? A priori, no demasiado. Sin embargo, son ejemplos del poder basado en la participación. En ambos casos existe una distribución formal del poder (¡por supuesto!), pero los dos están al servicio de los profesionales y de la empresa en su conjunto (¿una excepción?). Como reconoce Jesús Catania, presidente de MCC:

Nuestro sistema es participativo,
no anárquico.

... y sin traseros indeseados

Distribución de poder jerarquía tradicional ≠ La jerarquía tradicional está en sus horas más bajas. En IBM había veintisiete niveles jerárquicos entre la alta dirección y el que hace las fotocopias. En la actualidad, el número se ha reducido a siete.[62] La competencia ha impuesto una dieta de adelgazamiento en los organigramas (con ayuda de la tecnología). Cuando los clientes éramos menos sofisticados –porque no teníamos otras opciones–, las estrategias se diseñaban en las centrales y las delegaciones se limitaban a ejecutarlas. Y funcionaba bien. Eran *organizaciones pulpo*, una gran cabeza y multitud de tentáculos. Como decía Jack Welch, el archiconocido presidente de General Electric hasta 2001:[63]

La jerarquía
en una organización da la cara al director general
y el trasero al cliente.

Para evitar *traseros* indeseados, las empresas pasaron de los modelos pulpo a los de red. Los nodos organizativos comenzaron a tener delegadas más responsabilidades y se les dio poder para tomar decisiones. ¡Incluso sobre la dirección de la empresa! Pero tampoco hace falta llegar a los extremos de Semler o montar una cooperativa. El objetivo es que el poder esté al servicio de los intereses de la empresa, y no de los intereses personales de quienes lo ostentan.

Cada hombre ama
su propio momento de autoridad.
WILLIAM SHAKESPEARE (1564-1616)

¿Un tema delicado? Sin duda, pero no es un tema político. Es pura economía. Poder al servicio de intereses personales =

Pérdida de beneficios por el camino. Y existen modelos más o menos elaborados que intentan solucionar este grave problema. MCC aplica sus principios participativos incluso en las sociedades anónimas que son propiedad de la cooperativa (el 40 por ciento de los profesionales de la compañía vasca no son socios). En UPS, empresa de transporte urgente, la mayor parte de las acciones de la compañía están en manos de sus directivos. Muchos de ellos comenzaron como repartidores o administrativos. En Visa International la toma de decisiones es participativa. En las fábricas asturianas de DuPont Ibérica los operarios eligen a su jefe en cada área funcional. Estas fábricas son unas de las más productivas y de mayor rendimiento de la compañía. Y en determinadas industrias se intenta optimizar resultados haciendo que los equipos se autogestionen en las cadenas de montaje, sin jefes al frente.[64] El poder está llegando a las bases. ¡Menos mal! Y no nos cansaremos de repetirlo: es un tema de D-I-N-E-R-O.

En resumen: las sociedades y las organizaciones necesitan una distribución formal del poder. Pero la clave está en si éste es participativo (cuanto más participativo, menos miedos provoca) y hacia qué intereses se orienta. El poder puede estar al servicio de quienes lo han ostentado históricamente o al servicio de la empresa. Y puede empujarnos hacia los precipicios del miedo o elevarnos *sobre hombros de gigantes* para desarrollar el potencial de los profesionales... Pero, atención, hablamos de una pasión para algunos más potente que el sexo. Actuar sobre el poder implica seleccionar a los líderes adecuados e incorporar sistemas que velen por su correcto funcionamiento. La manzana del poder es demasiado tentadora y todos somos *Adanes y Evas* en potencia.

Si he podido ver más lejos,
ha sido irguiéndome
sobre los hombros de gigantes.

ISAAC NEWTON (1643-1727)

SE NECESITAN LÍDERES VALIENTES

Desafío: líderes valientes que afronten sus propios miedos

Valentía para terrenos difíciles

Donde hay una empresa de éxito,
alguien tomó alguna vez una decisión valiente.

PETER DRUCKER,

escritor y gurú en gestión de empresas

Compromiso: el Santo Grial que buscan las empresas. Profesionales comprometidos mueven montañas y cautivan a sus clientes. Y el compromiso no nace del cerebro, sino de la ilusión. Como decía el presidente del Gigante Azul, Lou Gerstner: «Me enamoré de IBM». Desde la pasión nos comprometemos y damos la piel por una empresa. Buscamos sentido, no sólo sueldo. «Las personas quieren implicarse en hacer bien las cosas y ser consideradas como seres humanos», dice Ken Blanchard, autor de *The One Minute Manager*. Y buscamos contribuir a algo más grande que nosotros mismos. ¡Buscamos trascendencia! Y las empresas se esmeran por darle nombre: «Cambiar el mundo» dice Cisco Systems, o «ir atrevidamente adonde nadie ha ido antes», reza la razón de ser de Sony. La misión es el destino, pero el camino se atraviesa día a día. Y los líderes son los guías en ese viaje.

Líder NoMiedo	Gestor a través del miedo
Se trabaja con el jefe en la compañía.	Se trabaja para el jefe en la compañía.
Busca compromiso.	Busca lealtades / sumisión.
«Aquí se te paga por pensar y por tomar decisiones».	«Aquí no se te paga por pensar».
Entiende que sus colaboradores son un activo de la empresa.	Entiende que sus colaboradores son un activo personal.
Deja hacer.	Controla.
Persona en sí misma.	Persona como recurso.
Percibe el entorno como oportunidad.	Percibe el entorno como amenaza.
Genera grandes dosis de confianza y autoconocimiento.	Genera dosis de inseguridad e incertidumbre.
Obtiene lo mejor de la persona.	Bloquea el potencial de la persona.
Comunica rumbo y destino.	Es opaco.
Coherencia y consistencia.	Falta de coherencia y consistencia.
Las medallas son del equipo. Es responsable último de los errores.	Se apunta las medallas. Los errores son del equipo.

Tabla 9. ¿Gestor o Líder?[65]

Si queremos compromiso, necesitamos líderes que ilusionen, no que infundan temor a sus colaboradores. ¿Nos enamoramos de alguien que nos da miedo? Difícilmente. El viento se está llevando los viejos modelos y ahora se buscan líderes que liberen la energía de sus colaboradores, que les den libertad, no que los encorseten con limitaciones y rancios procedimientos.

Sin embargo las palabras son muy bonitas, pero la realidad es otra. Ser jefe no es fácil. Además de tarjeta, automóvil o despacho, implica llevar un altavoz que proyecta el sonido de los miedos que lleva uno dentro. Si un director tiene pavor al fracaso, podrá exigir exagerados niveles de perfeccionismo a su equipo. Si no quiere volver a casa por no encontrarse con su familia o con su soledad (lo mismo para algunos), alargará las horas hasta el infinito con mil cien excusas. Y el resto se verá forzado a seguirlo. ¿Y cuál es el desafío del líder? Ser valiente. La valentía no sólo está en adentrarse en terrenos vírgenes como hacen emprendedores, innovadores o aventureros (que también, por supuesto), sino en explorar un terreno aún más difícil y exclusivo: el de los propios miedos. Sólo se puede liberar el potencial de los demás si previamente lo hemos hecho en nosotros. E insistimos en la idea: es una cuestión de dinero (y de felicidad).

Cuando el talento y el espíritu humano se liberan,
queda demostrado que no hay más límites que los
que nos creamos nosotros mismos.

SANTIAGO ÁLVAREZ DE MON, profesor del IESE

Deja hacer

Figura 11. Del teórico al líder[66]

*Las personas que están
en las trincheras están en mejor posición para
tomar decisiones críticas. Corresponde a los líderes
dar a esas personas la libertad y los recursos
que necesitan.*

MARTIN SORRELL, presidente de la agencia publicitaria

WPP Group

El líder **NoMiedo** tiene un gran reto personal por delante: no controlar a sus colaboradores, dejarles hacer. Los jefes no están para ser los más sabios o los que más vigilan, sino para marcar direcciones y dar alas a sus colaboradores (como anuncia Red Bull). Ridderstråle y Nordström lo expresan del siguiente modo: «Han pasado los días en que se suponía que el líder era una mezcla de John Wayne y Albert Einstein». Pero en ciertas posiciones, el vértigo es importante. «Si dejo hacer demasiado, ¿cuál es mi función?», pensará más de uno. Los jefes (compañeros, parejas o padres) a quienes les apasiona el control destruyen el talento y buscan la sumisión/obediencia (lo sé, suena fatal), no el compromiso.

La libertad, si no compromete, queda estéril.

JAVIER FERNÁNDEZ AGUADO y JOSÉ AGUILAR, profesores

y escritores especializados en liderazgo

El compromiso nace de la libertad de ambas partes (empresa y profesional, marido y mujer, aficionado y equipo de fútbol...) y hay un acuerdo entre las dos: «Estaré contigo mientras me crees valor». Aquí depende de lo que cada uno entienda por valioso (para algunos, sueldo, desarrollo profesional, proyecto...; para otros, amor, sexo, una casa de docientos metros cuadrados). Se trata de un baile de pareja donde los dos deciden bailar la misma música (tabla 10). Por ello resultó tan mágico el *boom* de Internet, del que todos nos enamoramos. Los profesionales tenían la libertad para exigir compromiso y las empresas debían reinventarse para ofrecérselo. Sin embargo, la sumisión (demasiadas veces mal llamada «lealtad») es oscura. No se da en igualdad de condiciones. Ideas como «conmigo o contra mí» o «no admito ninguna crítica» recogen la esencia de quien tiene terror a perder el control y pretende que se «trabaje para el jefe en la compañía» y no «para la compañía con el jefe.»

> *Lo peor es educar con métodos*
> *basados en el temor, la fuerza, la autoridad, porque*
> *se destruye la sinceridad y la confianza, y sólo se*
> *consigue una falsa sumisión.*
>
> ALBERT EINSTEIN (1879-1955)

	Compromiso	Sumisión
RELACIÓN ENTRE EMPRESA Y EMPLEADO	Igualdad de condiciones.	Desigualdad de condiciones.
BUSCA	Alcanzar un objetivo.	Evitar una sanción.
NACE DESDE	Libertad.	Miedo.
EXIGE	Comportamientos coherentes con valores.	Comportamientos afines.

Tabla 10. Sumisión o compromiso

En definitiva, el control y el miedo suponen cortocircuitos en el cerebro. Si lo que desea son personas obedientes y un tanto «cortocircuitadas», el control es una buena estrategia. Si busca el compromiso, no olvide revisar hasta dónde le lleva su necesidad de control.

Persona muy insegura + puesto con autoridad =
Generador de miedo

Gestión por la excepción

Si no entiendes que trabajas para tus —mal
llamados— subordinados, no conoces nada del
liderazgo, sólo conoces la tiranía.

DEE HOCK, fundador y presidente emérito de Visa Internacional

Un director financiero de la subsidiaria nacional de una multinacional de consultoría ideó una «política» que consitía en no permitir el acceso a Internet a los consultores porque «¡podían dedicarse a otra cosa que no fuera trabajar!». Y como sucede con las cosas prohibidas, Internet se convirtió en un signo de estatus: sólo directores, gerentes y algún otro afortunado tenían acceso. El resto mendigaban páginas web impresas. Un buen día, el responsable de informática (reciclado en agente de Interpol), descubrió que alguien había entrado en la web de unos grandes almacenes en horas de trabajo. Gran delito y gran noticia para el directivo. Sólo faltó poner a un pregonero a la entrada de la oficina para comunicar a todos que él tenía razón. No era la práctica diaria y, sin embargo, se convirtió en su gran argumento.

Los controladores natos tienen una peculiaridad interesante: «gestionan por la excepción», como comenta Tomás Pereda, director de Recursos Humanos de Hertz. Se apoyan en la anécdota y justifican procedimientos, siempre costosos y a veces absurdos. Todas las personas tenemos un lado oscuro. No descubrimos nada diciéndolo, es parte de nuestra naturaleza. Si un líder se esfuerza por trabajar con integridad y se encuentra por el camino con que alguien se ha aprovechado de las circunstancias, ¿ha de caer en la gestión de la excepción y pensar que todo el mundo es igual? Las ovejas negras existen en las familias y en las empresas. Y es curioso, los jefes invierten más tiempo en ellas que en el resto. ¡Lástima de las blancas!

La *cosa nostra*

En esta empresa hay tres reglas de oro: a la gente hay que llevarla tensa como la cuerda de un violín a punto de romper; se te exige la máxima dedicación, que te dejes la piel en el trabajo; y la tercera: no te fíes de nadie, ni de mí...

Secretario general de una muy conocida multinacional
de más de cuatro mil trabajadores

... Magnífica joya de miedo tóxico. Fue el consejo que le «regaló» a un directivo el primer día de trabajo. Un caso extremo, sin duda. ¿Qué tipo de gestión de personas y qué cultura existía en esa compañía? Pero las fórmulas de control pueden ser más sutiles y se dan en todo tipo de empresas. ¿Tiene sentido que los profesionales fichen en el trabajo? Si cobran por horas, puede ser lógico. Si no, ¿aporta mucho? En caso afirmativo, quizá la empresa no se haya preocupado por contratar a personas responsables.

Multinacional con más de siete millones de clientes. Su presidente recorría los pasillos cuando concluía el horario de trabajo para comprobar quién se quedaba más tiempo y regalaba «generosamente» horas a la empresa. Paradojas del mundo empresarial: esta compañía ha ganado varios premios por sus prácticas en el equilibrio entre vida personal y profesional.

En una compañía familiar de más de trecientos trabajadores estaba bien visto que los viernes, al concluir la jornada laboral, los responsables de los departamentos se quedaran a tomar una cerveza con el dueño y su familia. El gesto «ganaba más puntos» si, además, el directivo en cuestión se hacía acompañar por su pareja. Son algunos ejemplos de prácticas de intrusión en la vida privada y una forma de control al más puro estilo de la *cosa nostra*.

Cuando el talento da miedo

Receta de cóctel molotov organizativo: colaborador con talento y jefe inseguro/controlador (también existe la variante con los compañeros de equipo). Cuando este último ha de contratar a alguien, tenderá a escoger a una persona que no le haga sombra. Por supuesto, explicará con mil y una razones por qué ha rechazado al mejor candidato y puede que convenza a alguien. Pero el auténtico motivo es mucho más simple. Es el miedo oculto que juega ese tipo de pasadas con gran coste para la cuenta de resultados. Quizá podría servir como termómetro para medir el grado de confianza en uno mismo: dependiendo de quién te rodees, se sabrá cuál es el nivel de seguridad en ti mismo.

Y si le toca jugar el papel de colaborador brillante con jefe inseguro/controlador tiene varias opciones: hacerse perdonar su inteligencia, es decir, no levantar miedos (tener mano izquierda o, incluso, adular suelen ser las alternativas); aguantar estoicamente hasta esperar el gran golpe de estado con el jefe de su jefe, cuyo resultado siempre es incierto, o directamente irse. La tercera alternativa suele ser la más habitual, siempre y cuando su jefe no se adelante y le proponga para abrir una delegación de frigoríficos en el Polo Norte.

En definitiva, *nolentibus dantur*, como decían los clásicos: sólo deberían ser promovidos a puestos de gobierno aquellas personas que no tuviesen especial interés en ocuparlos, en palabras de Javier Fernández Aguado y José Aguilar. ¿Aplicamos esta máxima en nuestras empresas?

Abandonando el control...

La vida no es un problema que resolver,
sino un misterio que experimentar.

LUIS RACIONERO, escritor

Aun así podemos cambiar... si queremos. Nadie nace líder y todo el mundo tiene sus propios miedos al asumir un puesto de dirección. Cuando un «controlador nato» reconoce sus puntos fuertes y acepta sus temores, es capaz de superar el miedo atroz a la pérdida. Pero necesita ayuda y es ahí donde entra el necesario y, no nos cansaremos de decirlo, rentable apoyo de la organización.

Seamos valientes, miremos de cara a nuestros miedos (volveremos sobre esta idea en el siguiente capítulo). No se preocupe si ve algo que no le gusta, nadie es perfecto. Cuando uno mira a los ojos a sus propios monstruos, se da cuenta de que tampoco resultan tan feos. Y cuando uno indaga en el lado oscuro, puede ayudar a otros a romper sus cadenas y a desarrollar su potencial. Ya se dijo hace más de 2.000 años en la Grecia Clásica: «Hombre, conócete a ti mismo». Podríamos matizarlo a: «Hombre, conoce tus propios miedos». ¿Hasta qué punto las empresas preparan a sus líderes para superar sus miedos e indagar en la naturaleza humana? ¿Dónde queda la formación sobre la persona, además de la clásica sobre finanzas, producción o habilidades para hablar en público? Insistimos: es dinero, dinero, dinero y de paso... felicidad.

Los mejores líderes tienen un punto en común, profundidad al cubo: tienen un *profundo* conocimiento de la persona, un *profundo* conocimiento de sus puntos débiles y fuertes e inspiran una *profunda* confianza. Y los colaboradores quieren seguirlos no sólo por una decisión racional, sino también emocional.

> *Quizá la verdadera sede de la inteligencia*
> *no sea la razón, sino el corazón. Un corazón*
> *inteligente y una razón sensible forman*
> *un tándem imparable.*
>
> SANTIAGO ÁLVAREZ DE MON,
>
> profesor del IESE

... con un poco de ayuda

> *Un buen equipo te ayuda a superar*
> *tus propios miedos.*
>
> PEDRO LUIS URIARTE, presidente de Economía,
>
> Empresa, Estrategia

Dice el refrán que «quien a buen árbol se arrima, buena sombra le cobija». La confianza que nos aportan los compañeros y nuestro nivel de responsabilidad hacia ellos es esencial para superar nuestras inseguridades. Un oficial del ejército, al relatar su experiencia en la guerra de Bosnia, comentaba que lo que le empujaba a tomar decisiones era, más que su propio instinto de supervivencia, la responsabilidad hacia sus compañeros. Si él fallaba, el resto del grupo podía verse en una situación nada agradable. No es de extrañar que el compañerismo sea uno de los principales elementos de motivación para estos profesionales.

Phil Jackson, cuando era técnico de los Chicago Bulls, desafió a Michael Jordan diciéndole que no le evaluaría por sus resultados personales, sino por lo que ayudase a crecer a sus compañeros. Jordan es considerado uno de los mejores jugadores de la historia del baloncesto y el artífice de que los

Bulls ganaran varios títulos de la NBA. La responsabilidad del equipo ayuda a una persona a tomar decisiones que de otro modo evitaría, así lo reconoce Pedro Luis Uriarte. Cuando un directivo se siente cómodo con sus compañeros y sabe que si se equivoca habrá un colchón, es capaz de arriesgar... Una de las claves del líder es, por tanto, poner las plumas al colchón y no cambiarlo por la cama de un faquir.

SISTEMAS PARA SINTONIZAR NOMIEDO

Desafío: sistemas para vigilar el poder y reforzar el *NoMiedo* [67]

Equilibrar el poder

«No estoy de acuerdo con la evaluación que me ha hecho mi jefe. Voy a presentar una queja a su superior.» ¿Tendencias suicidas? No para los profesionales de Hewlett Packard. La compañía tenía a gala la política de puertas abiertas. Si no se estaba de acuerdo con alguna decisión importante del jefe, se podía presentar una queja a su inmediato superior. Cuando eso ocurría, los tres se reunían para aclarar posiciones. A nadie le hace gracia que un colaborador critique su actuación ante su jefe, pero formaba parte de la esencia de Hewlett Packard (al menos antes de su fusión con Compaq y de sus masivos despidos). Si alguien quería cambiar de departamento, podía hacerlo unos meses después de haber informado a su superior, aunque a él o a ella no le gustase. Llevaban a cabo un derecho básico:

Los profesionales no son patrimonio
de los jefes.
Son un activo de las empresas.

En Vodafone, compañía de telecomunicaciones europea, los planes de carrera se definen desde los departamentos de Recursos Humanos. En los niveles superiores directivos del banco BBV, la propuesta de promoción de una persona era consensuada del siguiente modo: 20 por ciento, su jefe directo; 40 por ciento, el consejero delegado, y 40 por ciento sus pares futuros... Todos ellos son sistemas que articulan el poder dentro las compañías y que velan por un cierto equilibrio de fuerzas.

Ninguna empresa es perfecta y los directivos, aunque lo deseen firmemente, no pueden evitar que alguien muerda la manzana del poder para su beneficio y en contra del de la compañía. Además, se produce el fenómeno de la «bola de nieve» (figura 12). Si desde la cúpula se siguen métodos basados en la gestión del miedo, los de más abajo lo interpretarán como vía libre para su uso y además lo «enriquecerán» con aportaciones personales. Y así sucesivamente hasta que en la base se vive un auténtico alud. Por eso es importante detectar los miedos desde la raíz e impulsar fórmulas distintas de gestión.

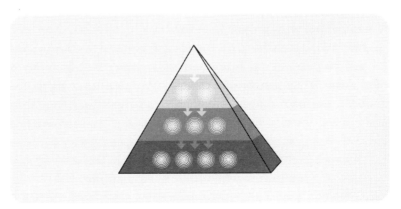

Figura 12. Una bola de nieve por la pirámide[68]

Serpientes vestidas de traje

Cuando llamo a un directivo a mi despacho mi
objetivo es hacerle creer que voy a despedirlo.

Presidente de una muy conocida multinacional

«Serpientes vestidas de traje», así denomina a los psicópatas que ocupan puestos directivos Robert Hare, profesor emérito de Psicología de la Universidad de British Columbia y uno de los mayores expertos en psicopatía. El término psicópata nos asusta. Lo asociamos habitualmente a los asesinos en serie o a Anthony Perkins en la película *Psicosis*, aunque estos casos concretos son excepcionales. Los psicópatas de traje son más habituales. ¿Qué les caracteriza? El rasgo más importante es su total falta de sensibilidad hacia las emociones del otro.

Cuando un psicópata procesa información, la parte del cerebro emocional no se activa. Es decir, son inmunes al dolor de terceros. No se trata de una enfermedad que se cure, es un trastorno de la personalidad que, además, les hace ser especialmente brillantes. Como destaca Hare; «es fácil encontrar psicópatas en puestos muy importantes de empresas, de la política o de la religión». Son sumamente inteligentes, tienen una capacidad extraordinaria para la oratoria y les encanta el poder. ¡Veneran el poder y lo buscan a cualquier precio! Además, al no sentir emociones, no importa quién se interponga en su camino... Y no es algo ajeno. Hare estima que el uno por ciento de la población mundial es psicópata (de diferentes tipos y grados, por supuesto) y que afecta con sus actos al 10 por ciento de la población.[69] Adivine dónde se encuentran.

¿Un jefe con rasgos psicópatas? Si la utilización del miedo le permite conseguir los objetivos, no reparará en ningún momento en las consecuencias emocionales que pueda provocar. Es la intención en estado puro... Pero existe un desafío.

Cuidado con los atilas

Un jefe psicópata provoca en las organizaciones los mismos efectos que Atila, el rey de los hunos: bajo los cascos de su caballo no crece la hierba... ni el talento. El precio es muy alto. Alcanzarán resultados, sin duda, pero con un coste a veces imposible de remontar. ¡Los conocidos efectos colaterales! El desafío es doble para una empresa que quiera evitarlo: por una parte, implantar sistemas que animen a que se denuncien este tipo de comportamientos (siempre y cuando el jefe no sea el dueño o el máximo responsable de la organización, en cuyo caso lo mejor es irse directamente) y, por otra, prescindir de ellos. La primera no es sencilla. Si la persona que lo sufre tiene miedo a la no supervivencia, es decir, a perder el puesto de trabajo, dudará en inmolarse en un acto tan heroico. Se pueden reducir los efectos poniendo los medios para canalizar este tipo de incidentes, como líneas anónimas para las quejas. Luego, lógicamente, hay que obrar en consecuencia. Nadie toma una decisión así para que se quede archivada en un cajón. En cuanto a la segunda poco se puede decir, ¡hay que tomar la decisión cuanto antes! Y eso sí, tras permitirse un corto respiro, revisar concienzudamente y en profundidad los procedimientos de selección.

En General Electric se evalúa el desempeño de los profesionales de dos modos: por su rendimiento y por su adecuación a los valores de la compañía. En este último punto son estrictos. Si alguien es brillante, pero incumple algunos de los valores, sin ser necesariamente un psicópata, se le «invita» a probar suerte en otra empresa. Siguiendo con este principio, en una de las compañías adquiridas por General Electric se despidió a su director general después de comprobar que acosaba psicológicamente y de manera sistemática a sus colaboradoras. Ellas, por supuesto, lo habían denunciado a la central de la compañía anterior, pero la denuncia había sido «debidamente» archivada en la papelera.

Sin embargo, la dirección de General Electric tomó cartas en el asunto y a pesar de los extraordinarios resultados del directivo, decidió despedirle. Es posible que parte del éxito de General Electric resida en su congruencia con sus valores y en no permitir que determinados profesionales estén en sus filas, por excelentes que sean los resultados que alcancen.

> *Directivo, recuerda que tienes*
> *el suficiente pero injustificable poder sobre la vida*
> *de las personas. Ellos no te eligieron como jefe,*
> *por ello necesitas ser lo más justo y cuidadoso que*
> *puedas en el manejo de sus vidas.*
>
> JAMES HOOPES, autor de *False Prophets*

Se buscan Pelés y Ronaldinhos

¿El rendimiento de un equipo es menor, igual o mayor que la suma de sus partes? Ringelman, un ingeniero agrónomo francés, halló la respuesta: menor. Así se probó en el estudio que realizó con hombres que tiraban de una cuerda. Según las leyes de la física, si cuatro personas tiran de la cuerda ejercen cuatro veces más esfuerzo que si tira uno solo. Sin embargo, según su estudio la cifra real era de dos y media. Y si se trata de ocho hombres tirando, la ratio descendía a menos de cuatro veces el esfuerzo individual. Como la física no se equivoca (al menos en este juego), parece que la clave hay que buscarla en la motivación. Las fuerzas de los miembros de equipos grandes se diluyen «por arte de magia» a causa del denominado «apoyo de grupo».[70] La multitud disuelve nuestro desempeño y pensamos: «Los demás están haciendo un poco el vago, ¿por qué yo no? ¿Por qué he de trabajar más si todo el mundo gana lo mismo que yo?». Para evitarlo, surgen las benditas responsabilidades individuales. Las organizaciones han de definir sistemas que reconozcan el trabajo individual y premien a los que, además, aporten mayor valor a la empresa... aunque sea tirando de una cuerda.

Uno no construye
su carácter haciendo lo que hacen todos los demás.
CARLOS GHOSN, presidente de Nissan

El primer año como presidente de Eli Lilly, Tobias introdujo recompensas al fracaso durante un año para animar a los profesionales a tomar decisiones y a equivocarse. Toda una hazaña. ¿A qué profesionales reconoce su organización, a aquellos que arriesgan e incluso se equivocan o a los perfectos «inmovilistas» (perfil que suelen atesorar magníficos aduladores del poder)? Si la empresa premia la mediocridad, tendrá mediocres. Si busca jugadores de primera, ponga los listones en Di Stefanos, Pelés, o Ronaldinhos y garantice que los jefes mediocres no les impidan jugar. Si se desea anular el miedo, premie a los profesionales con talento, innovadores, que tomen decisiones... aunque se equivoquen. Y si se ha de prescindir de alguien, cuidado con las formas.

La objetividad en los sistemas
de reconocimiento en una empresa ayuda a
aislar los efectos del miedo.
ÁNGEL CÓRDOBA,
subdirector general de Caja Madrid

Aliñando un plato de mal gusto: los despidos

Llamada de teléfono un viernes a las cinco de la tarde en una multinacional de gran consumo. «Ven a mi despacho», le pide el jefe a su colaborador. La persona está a punto de marcharse de fin de semana y no tiene muy claro por qué ese tono de voz. Una vez en el despacho, le entrega una carta en la que se le comunica que está despedido y que el lunes no vuelva. A esas horas todo el mundo se ha ido. No tiene opción de regresar a su mesa para enviar un e-mail, ya que se ha dado orden de desconectarle de la red. Sus compañeros lo sabrán cuando le echen de menos a la semana siguiente. ¡Una forma ideal para crear miedo en los demás! Primero, porque el profesional quizá no intuía el motivo (¿algún problema de comunicación por el camino?) y segundo, porque el resto de los compañeros entenderán que, si alguna vez les toca a ellos, el tratamiento será el mismo.

Los primeros niveles directivos y los departamentos de personal tienen el desafío de cuidar el procedimiento de despidos. Es un plato de mal gusto, pero técnicas como la anterior no sólo son ofensivas para la persona afectada, sino para el resto de la organización. Hemos tomado un ejemplo, pero hay cientos: cuando el guardia de seguridad está esperando en la puerta del despacho del jefe para garantizar que la persona "se va o se va" (como si fuera Superman y pudiera liarse a golpes), cuando directamente se le prohíbe el acceso en la entrada principal o cuando el afectado en cuestión llega de un viaje y se encuentra sus cosas guardadas en cajas, como si se tratara de un amante despechado. En contadísimas ocasiones las personas despedidas son «ladrones en potencia» de información, por lo que no hace falta tratarlas de ese modo. Una vez más no justifiquemos un comportamiento con la «gestión por la excepción» (porque un uno por ciento sea culpable, no penalicemos al 99 por ciento restante). Los expertos recomiendan que los despidos se hagan los lunes o martes para que la persona pueda charlar con sus compañeros e informar adecuadamente a clientes y proveedores, según la opinión de Pilar Trucios.[71]

TRANSPARENCIA, ¿MISIÓN IMPOSIBLE?

Desafío: comunicación, comunicación y comunicación

Amor tecnológico

La tecnología
no nos hace menos estúpidos; simplemente nos hace
estúpidos de manera más rápida.

THORNTON A. MAY, directivo de Toffler Associates

Cuarenta y cinco millones de ordenadores afectados, más de mil millones de dólares de pérdidas sólo en Estados Unidos, decenas de organizaciones con sus correos electrónicos bloqueados, como el Pentágono, el Parlamento británico, Dell Computer o Siemens, por citar algunas... Origen: un mensaje enviado desde Filipinas por un chico de 23 años el 4 de mayo de 2000. Su correo sólo contenía una inocente frase: *«I love you»*. Cuando se abría, activaba uno de los peores virus informáticos conocidos. Sustituía y borraba ficheros, buscaba la información confidencial del usuario (como contraseñas o direcciones), la enviaba a un correo electrónico de Manila y, lo más inteligente, mandaba el mismo mensaje a todas las personas que figuraban en la agenda del ordenador infectado. Gracias a las conexiones de la red, el virus del amor creció exponencialmente en tan sólo unas horas y afectó a organizaciones y a particulares de todo el planeta. Por cierto, el joven filipino presentó el virus como proyecto de fin de curso de sus estudios de informática y el profesor le suspendió afirmando que era imposible que algo así funcionara. El creador del virus firmaba su delito con una frase: *«I hate go to school»* (Odio ir a la escuela).[72] Pocos suspensos han costado tanto dinero.

La experiencia del virus «*I love you*» es un ejemplo de cómo las tecnologías de la información y las comunicaciones han acortado distancias y reducido los costes de transmisión de información (además de cómo un mensaje de amor hace mover el ratón de millones de ordenadores o también de cómo traumatiza una mala experiencia en la escuela). En la actualidad, y gracias a este tipo de tecnología, podemos comunicarnos sin apenas dificultades con gran parte del mundo. Llega a crear ejércitos en torno a una idea sin necesidad de conocerse las caras, como sucede con los movimientos antiglobalización. Y además nos satura de información. Un artículo del *Herald Tribune* contiene más información que aquella a la que habría sido expuesta una persona en la Edad Media durante toda su vida.[73]

Más tecnología, más contacto personal

La tecnología también ha transformado las organizaciones. En la intranet de IBM se publican las carreras profesionales y los empleados saben a qué puestos pueden optar y cómo conseguirlos. En muchas multinacionales se comunican las vacantes, en otras se conoce quiénes son los mayores expertos en un área determinada. Y en alguna otra, como Virgin, el e-mail es la puerta de acceso al presidente, Richard Brandson, quien asegura leer habitualmente las misivas de sus profesionales. En cualquier caso, la tecnología ayuda a democratizar las empresas. El poder pasa de quien posee la información a quien tiene el conocimiento o el talento. Algo que se da de bruces con la gestión basada en el miedo.

Las computadoras no tienen ningún valor.
Sólo nos dan respuestas.
PABLO PICASSO (1881-1973)

El desafío de las organizaciones que quieran desterrar el miedo es la transparencia. Transparencia incluso con las noticias que no son tan positivas. ¿Acaso no somos adultos? La mente humana ha demostrado ser capaz de imaginar cosas bastante peores de lo que son en la realidad. Y la comunicación no consiste sólo en las aportaciones de intranets o e-mails. Como se resume en el mundo anglosajón: *high tech, high touch* (cuanta más tecnología, más contacto personal). Ahí está el reto. Las redes pueden ser la columna vertebral de las comunicaciones en la empresa, pero no sustituirán nunca a las conversaciones cara a cara. Incluso cuando un presidente manda un e-mail para informar de algo importante (fusión, despidos, objetivos...), las personas hacen más real la información cuando la comentan con los compañeros. La transparencia no sólo ha de ser una política corporativa, sino parte de la gestión de los jefes. Y la tecnología y las conversaciones ayudan a ello.

Causa y efecto

Hace 35.000 años inventamos la tecnología. Y fue entonces cuando comenzamos a buscar relaciones causa y efecto, según Lewis Wolpert, profesor de la University College of London. Se supone que las primeras secuencias eran muy sencillas: si golpeo una piedra, puedo obtener fuego o fastidiarme un dedo. Luego las sofisticamos aún más, llegando a lo simbólico: si sacrificamos un ternero, estaremos en gracia con los dioses. Y poco a poco, hemos llegado hasta nuestros días con la misma necesidad de dibujar el futuro. Si me dan el ascenso, podré hacerme cargo de tal proyecto o comprarme una casa mejor. Por ello, cuando no encontramos relaciones que nos permitan sacar conclusiones y navegamos en la incertidumbre, nos sentimos incómodos. Tanto es así que quien no tiene creencias religiosas las sustituye con otras, incluso con supersticiones si hiciera falta.

Y quien es religioso, independientemente del culto, es más feliz según Wolpert. La incertidumbre le desagrada a nuestro cerebro. Según los psiquiatras, buscamos estrategias para reducirla... Algo con lo que sostenernos cuando suenan truenos de tormenta. Pero los tiempos son inciertos. Los competidores son imprevisibles y la velocidad resulta imparable. ¿Y qué puede hacer la empresa? No puede evitar la incertidumbre exterior, pero sí la de puertas adentro. Ése es uno de sus mayores desafíos para evitar el miedo. Y la comunicación es la pieza esencial.

Antídotos a las crisis

Considera las contrariedades como un ejercicio.

SÉNECA, filósofo (4 a. C.- 65 d. C.)

Rumores de fusión. Los directivos tenían orden estricta desde la central estadounidense de no facilitar ninguna información hasta que se definieran los términos de la compra. Pero la noticia se había filtrado a los colaboradores, como a veces ocurre, y comenzaba el baile maldito del miedo y la incertidumbre. Los directivos de la filial española tomaron una valiente decisión: comunicarían cuanto supieran en reuniones semanales. Sabían que la casi inminente fusión implicaría la desaparición del 40 ciento de la plantilla y que, además, los afectados se enterarían en un plazo demasiado breve de tiempo para buscar otro trabajo (¿quizá también los propios directivos?). A lo largo de las semanas que duró la negociación, informaron de la situación real. La fusión no dependía de lo que ellos comunicaran, puesto que la compra se acordaba en el extranjero. Sin embargo, el malestar se mascaba en el terreno local y la comunicación suponía aliviar los miedos. Y unas cuantas familias agradecieron la valiente decisión.

«En situaciones de crisis la gente está preparada para escuchar las malas noticias», afirma el directivo Tomás Pereda. ¿Hasta qué punto no se comparte información porque realmente atenta contra la estrategia de la empresa? ¿O hasta qué punto no se hace porque la información es poder? El desafío de las organizaciones **NoMiedo** está en comunicar, comunicar y comunicar. No podemos eliminar los temores, pero sí inmunizarnos, prevenir sus efectos. Y la información resulta un magnífico antídoto, incluso para aislar los efectos de la incertidumbre.

ALGUNAS CLAVES SOBRE LOS
DESAFÍOS DE LAS EMPRESAS NOMIEDO:

- **Marco de contención:** las organizaciones pueden evitar la gestión del miedo a través de los siguientes mecanismos: proyecto de empresa, poder y autoridad, líderes, sistemas de dirección y comunicación.

- **NoMiedo = Dinero:** la gestión de los mecanismos liberadores del miedo tiene como finalidad mejorar la cuenta de resultados.

- **Proyecto de empresa:** el objetivo es crear valor de forma equilibrada a los cinco participantes de la empresa (accionistas, directivos, profesionales, clientes y sociedad), en especial, a los profesionales y directivos.

- **Poder al servicio de la empresa:** necesitamos el poder jerárquico, pero la clave está en si éste es participativo y si se orienta hacia los intereses de la empresa y no de quienes lo ostentan.

- **Líderes valientes:** el reto de los líderes es marcar dirección y dejar hacer. Para reducir su nivel de control, han de enfrentarse a sus propios miedos.

- **Sistemas de dirección NoMiedo:** son de dos tipos. Unos que vigilan el uso adecuado del poder y otros que refuerzan los comportamientos basados en el talento, el cambio y la innovación.

- **Comunicación, comunicación:** el reto de la empresa está en comunicar, aprovechando la tecnología, y en amortiguar la incertidumbre exterior.

DESAFÍO PARA
LOS PROFESIONALES NOMIEDO

Las personas siempre culpan a las circunstancias
de lo que son. Yo no creo en las circunstancias.
La gente que avanza en este mundo es la que persigue y
busca las circunstancias que desea y, si no las
encuentra, las crea.

GEORGE BERNARD SHAW, escritor (1856-1950)

SENSACIÓN DE PÉRDIDA

Juan sin Miedo existió. Fue duque de Borgoña (1371-1419) e hijo de Felipe el Atrevido (valiente familia). El apodo se lo debe a su forma de luchar en la Guerra de los Cien Años, en la que conquistó París en 1418. Pero Juan sin Miedo es famoso por algo más que por la historia: por los cuentos. Es el protagonista de uno de los relatos más conocidos de los hermanos Grimm. En él se narra cómo un joven sin fortuna va en busca del miedo porque no lo conoce. Pero hasta que no se casa con la princesa de rigor, es dueño de un palacio y come perdices, no percibe la amenaza de la pérdida... y descubre el miedo.

La amenaza del miedo es siempre subjetiva. Un ejemplo: cuando de adolescentes íbamos a la playa. Probablemente recordará o habrá visto personas que preferían no bañarse con olas altas mientras otros se adentraban en el agua sin demasiados problemas. La percepción de amenaza, en este caso física, depende de cómo interprete cada cual los peligros del mar. Lógicamente, aquí tendremos que incluir algunos otros «detalles», como la educación que recibimos de nuestros padres, las experiencias pasadas y, cómo no, el refuerzo de los amigos. Con tal de no parecer el «cobarde de la pandilla», uno supera sus propios miedos... Es la influencia del grupo y en especial durante esa etapa de nuestra vida.

La confianza en uno mismo
es el primer peldaño para ascender por
la escalera del éxito.

RALPH WALDO EMERSON, escritor (1803-1882)

¿Y cuál es la clave de la percepción de la amenaza? La sensación de seguridad o confianza en uno mismo e, incluso, en el futuro. Lo observamos en muchos aspectos de nuestra vida: con nuestras parejas, con los amigos, con los hermanos... y, cómo no, en la empresa.

Y ¿de qué depende la seguridad en nosotros mismos? De un sinfín de variables en las que los psicólogos no siempre se ponen de acuerdo: personalidad, experiencias pasadas, madurez, quizá la genética... En el caso de la felicidad parece ser que en un 25-50 por ciento depende de nuestros genes. De manera que si su familia es feliz, ya tiene terreno ganado. Además, los miedos que nos trasladan nuestros padres y hermanos condicionan nuestra confianza. Cuanta más seguridad tengamos en nosotros mismos, menos miedos identificaremos. En el fondo, el miedo nace de situaciones no deseadas que ya conocemos o de situaciones que desconocemos. Estas últimas son las más habituales y, en términos generales, las que generan un mayor estrés.

En definitiva, no podemos dejar de sentir miedo. Ya lo dijimos, pertenece a nuestro cerebro mamífero y la única forma de eliminarlo sería a través de una lesión cerebral, alternativa nada recomendable. El desafío no está en luchar contra él, sino en evitar que nos domine; aunque el reto no es sencillo, no nos engañemos.

Crezco sobre el miedo

Aquello que no me puede, me hace más fuerte.

FRIEDERICH NIETZSCHE (1844-1900)

Daniel Gilbert, profesor de psicología de la Universidad de Harvard, ha identificado un mecanismo inmunitario de nuestra mente que denomina «talento invisible». Gracias a él, la mayor parte de nosotros creemos que las decisiones actuales nos conducen siempre a situaciones mejores que las pasadas (lo que no dice Gilbert es si los ancianos están inmunizados contra este efecto). Este sistema nos ofrece todo tipo de justificaciones. Cuando cambiamos de trabajo nos puede hacer pensar cosas como: «Trabajo más horas, pero gano más dinero; he perdido salario, pero tengo más tiempo para estar con mis hijos o amigos; o trabajo más tiempo y gano menos, pero me encanta el ambiente de mi oficina». Nuestro talento invisible es muy ocurrente. Probablemente, su función sea protegernos del virus de la decepción. De esta forma, los infiernos del fracaso no parecen tan terribles. El talento invisible actúa como una pomada que alivia las quemaduras, mientras que los demonios nos enseñan cosas que de otro modo no hubiera sido posible aprender.

Una persona que se respeta a sí misma,
que respeta a los demás, no tiene miedo
de desaparecer en la relación.

HUMBERTO MATURANA, científico y profesor de la
Universidad de Chile

MIEMBRO DEL CLUB DE VÍCTIMAS AGRESIVAS

Figura 13. Si la biología mandase

El yo moderno es un edificio tembloroso que construimos a base de chatarra, dogmas, traumas de la infancia, artículos de periódicos, relatos de oportunidades, viejas películas, pequeñas victorias, personas odiadas, personas amadas.

SALMAN RUSHDIE, escritor

Tal vez le resulte familiar la siguiente situación: el presidente reúne a toda la compañía en el auditorio. Es un acto solemne, nada habitual en la empresa. Usted desconfía y no es el único.

El presidente comienza un discurso de manual: *blablabla* mercado tremendamente competitivo, *blablabla* cambios importantes, *blablabla* consultores externos, *blablabla* nueva estructura organizativa (a partir de aquí, murmullos *in crescendo*).

Al terminar el acto, es difícil que en su memoria hayan quedado algo más que retazos de los fantásticos gráficos que presentaron a continuación los consultores, siempre tan duchos en el arte del «Power point». Pero seguramente se le quedó grabada la finalidad última del programa: cambio, cambio, cambio. El presidente abrió la caja de Pandora y los miedos -cada cual con los suyos- pasaron a ser los protagonistas de las conversaciones con sus compañeros en la máquina de café o por la noche con su pareja.

Si ha percibido el cambio como algo amenazante (si lo deseaba, el miedo estará en fuera de juego), ¿qué alternativas de actuación tiene el día que lleguen los consultores para «diseccionar» sus funciones? Los estudios en etología, ciencia que estudia el comportamiento de los animales, nos dicen que fundamentalmente, cuatro: defensa agresiva, retirada, inmovilidad o sumisión.[74] Las tres primeras dependen del hipotálamo, parte del cerebro con más de 350 millones de años de experiencia a sus espaldas. La sumisión es algo más joven. Como es lógico, existen alternativas intermedias, por ejemplo, una combinación de éstas y, además, una opción mucho más elaborada y no sujeta a nuestros instintos animales: ¡enfrentarse al miedo!, como veremos en el último apartado.

El club de las víctimas agresivas

La efectividad consiste en pasar por el lugar
adecuado, en el momento oportuno y con la
intensidad debida. Es el arte de la acción efectiva
en sincronía con el medio.

SUN TZU, general y autor de *El Arte de la Guerra*, 500 a. C.

«No hay mejor defensa que un buen ataque», dice el proverbio, y podríamos añadir «o una buena demostración de amenaza». Así actúan los gatos cuando erizan el pelo ante un perro. Y es probable que a nosotros, antes de perder el pelo en la evolución de primates a humanos, nos sucediera lo mismo. Queda un vestigio en nuestro cuerpo, cuando se nos pone la piel de gallina, aunque el resultado quede lejos del que obtiene un gorila haciendo lo mismo. La primera estrategia ante el miedo es la defensa agresiva, que consiste en atacar al adversario o en asustarlo de alguna forma, como hacían los ejércitos en la Antigüedad con el redoble de los tambores cuando se aproximaban al campo de batalla.

La defensa agresiva en la empresa es más sutil. En el ejemplo anterior, consistiría en criticar a la compañía, al programa de cambio, al presidente, a la falta de experiencia de los consultores, etc. En definitiva, consiste en arremeter contra todo ser viviente o inerte relacionado con la compañía y, en especial, contra todo aquel que pueda arrebatarle el poder. En torno a esa conducta se constituyen auténticos grupos que bien podrían denominarse «clubs de las víctimas agresivas». Se reúnen en la máquina de café o van a almorzar juntos y critican constantemente la situación, recordando a los nuevos que cualquier tiempo pasado fue mejor.

Hacerse el loco

«Pies para qué os quiero», reza otro dicho bien conocido y que practicamos a las mil maravillas cuando percibimos un peligro físico. Igual hacen los antílopes o las palomas cuando atisban a un depredador. La huida rápida es una condición básica de supervivencia, incluso en organismos muy sencillos como los protozoos. En los casos anteriores, la biología dicta la conducta. En otros, puede ser una decisión consciente para evitar potenciales peligros.

En la empresa se da en muchas ocasiones. Existen personas muy hábiles en eludir ciertas responsabilidades y así evitar asumir los posibles errores. Cuando en los equipos de proyecto se pide que alguien presente ante una audiencia los resultados, más de uno se escuda en un millón de excusas para no hablar en público. O cuando se le encarga a un colaborador una tarea compleja, involucrará al mayor número posible de gente para compartir la responsabilidad del posible error. Es la técnica de «hacerse el loco» en su estado puro.

En el caso de nuestro programa de cambio, la técnica de huida sería evitar reunirse con los consultores con cualquier excusa. Aunque también se utilice para no reconocernos a nosotros mismos las posibles consecuencias de ser prescindibles en la empresa.

Quedarse helado

No siempre es recomendable huir cuando tenemos miedo. Ante un ruido extraño que nos despierta en medio de la noche, lo habitual es quedarse petrificado. Se nos congela la sangre y agudizamos el oído, intentando identificar la causa (cuando éramos pequeños la opción consistía en meternos debajo de la sábana como si ésta fuera un chaleco antibalas). Los animales también se comportan del mismo modo: cuando la tortuga se esconde en su caparazón o los habilidosos avestruces meten la cabeza en un agujero en el suelo (si yo no les veo a ellos, ellos tampoco me ven a mí). Es la estrategia de la inmovilidad, que tiene su reflejo en la empresa: cuando nos quedamos en blanco al sentirnos ofendidos, a la hora de replicar en el comité de dirección o cuando nos entregan la carta de despido. La inmovilidad puede durar segundos, minutos o incluso días, en animales o en personas con un fuerte trauma.

En nuestro ejemplo, se debería suscitar un alto grado de miedo para caer en la inmovilidad. Si en la reunión con los consultores la persona sintiera en ese momento una amenaza, podría quedarse descolocado o sin saber qué decir. Y no tanto por prudencia, como podría parecer, sino por el bloqueo psicológico consecuencia del miedo.

Para lo que usted mande

«Para lo que usted mande» podría denominarse la última estrategia. Ésta es la sumisión, de la que ya hemos hablado. Los animales más evolucionados (no una serpiente o una rana) también la expresan en sus relaciones sociales, aunque nunca con un depredador. Cuando los jóvenes leones exhiben su cuello al macho dominante están expresando reconocimiento y sumisión.

En las empresas ocurre algo parecido. Se pueden acatar las órdenes sin rechistar e, incluso, adular al jefe al mismo tiempo. Con esta última técnica se consiguen dos cosas: se evita el miedo porque se obedece a la autoridad, y se obtienen beneficios al reforzar el ego del otro. La adulación hacia el poder es lo que en lenguaje coloquial se denomina «hacer la pelota» en España; «hacer la barba» en México; «ser un lambón» en Colombia, o «hacer la pata» en Chile.... En definitiva, «para lo que usted mande».

«Qué maravilla de programa»; «Qué bien nos viene este cambio», podrían ser algunas de las respuestas de quien utiliza esta estrategia cuando habla con los consultores..., a pesar de que en su fuero interno sienta una amenaza y no le haga ni pizca de gracia la famosa idea del presidente.

Todas las anteriores son fórmulas biológicas, pero tenemos otra: la posibilidad de enfrentarnos a nuestro propio miedo y mirarlo a la cara.

La cosa más terrible es aceptarse a uno mismo
completamente.

CARL GUSTAV JUNG, psicólogo y psiquiatra (1875-1961)

MIRAR AL MIEDO A LA CARA

Desafío: mirar al miedo a la cara

*Jamás llegaremos a conocer aquello que tememos;
para llegar a conocer algo es menester perderle
el miedo, y si te tienes miedo a ti mismo, jamás
llegarás a conocerte.*

MIGUEL DE UNAMUNO, escritor (1864-1936)

Buscamos el sentido

La Segunda Guerra Mundial fue uno de los peores episodios vividos por el ser humano y, también, el telón de fondo para contrastar uno de los hallazgos más poderosos del pensamiento: la necesidad del hombre de buscar sentido a su vida. Viktor Frankl[75] fue un psiquiatra judío que estuvo varios años prisionero en campos de exterminio durante la contienda. Observó que los que conseguían sobrevivir a esa tragedia no eran ni los más fuertes ni los mejor dotados intelectualmente, sino los que tenían una razón última por la que vivir: volver a ver a una mujer y unos hijos, ayudar a unos compañeros, publicar un ensayo o realizar un viaje largamente soñado. En definitiva, una misión trascendente les daba energías para superar los miedos, incluso los de los peores horrores de Auswicht. Y parece que esta fuerza tiene su base en los entresijos del sistema inmunitario, diseñado para defendernos de la enfermedad y de la muerte. Frankl resume la búsqueda del sentido de la vida del siguiente modo:

*En realidad, no importa que no esperemos
nada de la vida, sino que la vida espere algo de
nosotros. Que dejemos de interrogarnos sobre
el sentido de la vida y, en cambio, pensemos en lo que
la existencia nos reclama continua e incesantemente.*

151

La necesidad de buscar sentido en lo que hacemos es un importante desafío para las empresas. En el libro *Gestión del talento*[76] se recogen los tres motivos de los que depende nuestro compromiso: causas externas (dinero, estatus...), internas (formación, desarrollo...) y trascendentes (misión y valores). Es precisamente la última motivación la que mueve montañas, pasiones o talentos. Cuando alguien está conectado a su misión –a veces llamada vocación–, es capaz de dejarse la piel en el proyecto. Y así lo observamos en nuestra propia experiencia. Somos más fuertes cuando creemos en lo que hacemos y le damos un sentido distinto: no es lo mismo escribir por contribución que por vanidad, como dice Jordi Nadal. Ni tampoco es lo mismo impartir una conferencia para aportar que para cubrir el expediente. La búsqueda de sentido transforma nuestra forma de trabajar y nos inmuniza ante el miedo (aunque sea sólo en parte).

Seligman trabajó con una persona que estaba frustrada con su trabajo. Se trataba de una profesional de un supermercado cuya función era introducir en bolsas las compras de los clientes. Un trabajo un tanto aburrido, sin duda. Pero Seligman le ayudó a entenderlo de un modo distinto. Primero, identificó cuáles eran sus puntos fuertes como persona. En este caso, su capacidad para las relaciones sociales. Y segundo, los aplicó a su puesto de trabajo. De esta forma, la mujer se puso como objetivo lograr que sus clientes tuvieran una magnífica experiencia social cuando interaccionaran con ella. Su motivación cambió y su satisfacción en el trabajo, también. Y podrá parecer un ejemplo irrelevante, por la simpleza de la función o por la obviedad de la solución (y eso dejando aparte la opinión de los clientes menos sociables del supermercado), pero mientras no inventemos máquinas que embolsen las compras habrá que pensar que somos personas, personas que necesitamos encontrar un sentido de trascendencia a lo que hacemos... ¿Cuál es el suyo?

Una vez que descubras el para qué,
cualquier cómo es bueno.

FRIEDERICH NIETZSCHE (1844-1900)

Es más: si no se tiene un para qué, se cae en las redes del miedo. Cuando se tiene una misión más elevada para uno mismo, se sacan fuerzas de flaqueza, como reza el dicho popular. Y un secreto a voces: ¡somos capaces de hacer realidad nuestros miedos! Como le sucedió al compositor austriaco Arnold Schönberg (1874-1951). Tenía auténtico pavor al número 13. Evitaba tener cosas importantes para esa fecha. Al final, murió un viernes 13, 13 minutos antes de medianoche. ¿Clarividencia o profecía autocumplida? Cuando alguien se obsesiona con una idea, sea buena o no, acaba haciéndola realidad.

La forma de evitar el miedo no es atacándolo. Resulta absurdo, porque sería atacarnos a nosotros mismos y lo único que conseguiríamos sería fortalecerlo. La alternativa es anclarnos en la misión que nos trasciende a cada uno de nosotros. Como resume Frankl: «El hombre no necesita vivir sin tensiones, sino esforzarse y luchar por una meta o misión que merezca la pena». El miedo está ahí, pero si nos aferramos a nuestros motivos últimos podremos inmunizarnos en parte de su efecto.

¿Y qué?

El miedo no sólo expulsa al amor;
también a la inteligencia,
la bondad, todo pensamiento de belleza y verdad,
y sólo queda la desesperación muda;
y al final, el miedo llega a expulsar del hombre
la humanidad misma.

ALDOUS HUXLEY, escritor (1894 - 1963)

Una de las técnicas para superar el miedo a volar es imaginar el posible accidente aéreo al que tanto se teme. Unas semanas antes de tomar el avión, hay que trabajar todos los días durante varios minutos imaginando el hipotético accidente, la llegada de los bomberos, la televisión... y todo el drama que lo acompaña. Así un día tras otro, pensando en el mismo avión, los mismos bomberos, el mismo presentador de televisión con su triste corbata... Cuando por fin uno sube al avión, está tan aburrido de imaginar las mismas escenas que directamente se preocupa de otras cosas, no de su miedo. En algunos casos esta técnica resulta muy efectiva. Cuando «diseccionamos» nuestros miedos (con sentido común y de forma concreta), vemos que no son tan terribles. No olvidemos que nuestro peor enemigo somos nosotros mismos. E imaginando situaciones ambiguas y terribles somos grandes expertos.

William Golding, premio Nobel de Literatura en 1983, escribió *El señor de las moscas*. Es una historia basada en unos niños que han de sobrevivir en una isla tras caer su avión. Para conseguir el poder del grupo, uno de los cabecillas inventa un miedo: un monstruo que podría devorarles. Es un miedo ambiguo, poco real pero muy efectivo. Con dicho ardid, consigue que el resto de los niños se amedrenten y acepten su liderazgo.

No debo tener miedo.
El miedo mata la mente. El miedo es la pequeña
muerte que conduce a la destrucción total.
Afrontaré mi miedo. Permitiré que pase
por mí y a través de mí.
Y una vez que haya pasado giraré mi yo interior
para afrontar su camino. Y allí donde estaba el
miedo ya no quedará nada, sólo estaré yo.

FRANK HERBERT, *Dune* (1965)

Pánico en la familia. El padre o la madre han perdido el trabajo. Los miedos forman parte de las conversaciones de la cena: hipoteca, colegio, vacaciones, qué pensarán los amigos... Pasado un tiempo (según la empleabilidad y la red de contactos), se comienza una nueva vida profesional. Existe una máxima casi universal: «Todo el mundo sale adelante». Puede que sin tanto dinero o sin tanto estatus, pero se arranca otra vez. Ante situaciones difíciles, los orientales tienen otro enfoque: «¿Y qué? (*So what?*)». ¿Y qué si pierdo mi estatus? ¿Acaso afecta a lo que soy? No, aunque sí a lo que tengo. Cuando uno se asienta sobre su misión (y su ser), puede mirar al miedo sin temerlo.

> *Si yo soy lo que tengo, y si lo que tengo*
> *se pierde, entonces ¿quién soy? Nadie, sino*
> *un testimonio frustrado, patético, de una falsa*
> *manera de vivir.*
>
> ERICH FROMM, filósofo (1900-1980)

¿Tener o ser?

> *La sociedad quiere que consumamos,*
> *no que seamos felices.*
>
> DANIEL GILBERT, profesor de Psicología de la
> Universidad de Harvard

«¿Tener o ser?» es la dualidad a la que nos enfrentamos a la hora de definir nuestra misión y el título de uno de los libros escritos por Erich Fromm, uno de los mejores filósofos contemporáneos. El tener se ha convertido en nuestra identidad. Y resulta paradójico buscar la singularidad a través de un BMW fabricado en serie, aunque cueste 60.000 euros. En el tándem identidad y consumo hay un triunfador (las empresas y los profesionales) y hay un perdedor (las personas, que nos llenamos de miedos a perder lo que tenemos). Cuando jugamos ese partido, un cambio de funciones, la llegada de un competidor o una jubilación anticipada se perciben como amenazas. Y quizá no seamos tan conscientes de que cuando uno trabaja en función de lo que es, los cambios pueden producirle una cierta incomodidad, pero difícilmente miedo. Pilar Gómez Acebo lo resume del siguiente modo: «Quien trabaja sobre el ser, es un triunfador nato». Pero el reto no es sencillo.

En una encuesta realizada hace años en Francia, el 89 por ciento de los participantes reconocieron que el hombre necesitaba algo por lo que vivir.[77] Viktor Frankl afirma que la neurosis de nuestra sociedad es el vacío existencial. Y para evitarlo, lo rellenamos con cosas superficiales: bienes materiales, posición profesional... En definitiva, todo lo que después tememos perder. No es de extrañar que los clientes de cirugía plástica hayan crecido de forma exponencial en los últimos años (la pérdida de la belleza física se ha convertido en una de las obsesiones de nuestro tiempo). La autorrealización la asociamos al éxito personal del tener, que no al del ser. Y la temida pregunta: ¿las empresas se interesan por personas motivadas en el ser o en el tener? Cuando algunos directivos afirman que quieren que sus comerciales posean las mejores casas y tengan los mejores automóviles, ¿qué están buscando? Desde el tener somos más vulnerables al miedo y, sin duda, a la manipulación de nuestro vacío. Si la empresa desea talento, su desafío es conseguir que sus profesionales trabajen por un fin último más trascendente que el puro tener. Por supuesto, los automóviles son fantásticos, pero trabajemos también por algo de mayor trascendencia y que nos dé sentido de contribución.

Caminante no hay camino,
sino estelas en la mar.

ANTONIO MACHADO, poeta (1875-1939)

Una última sugerencia: póngale cara a su miedo, piense en cuál es su causa concreta y cuáles podrían ser las soluciones alternativas. Evitemos los miedos ambiguos, reconozcamos al monstruo de *El señor de las moscas* como lo que es, un simple insecto molesto. De esta forma adquiriremos distancia y ganaremos perspectiva. Y si, siguiendo los consejos de Viktor Frankl, consigue reírse de él, mucho mejor. El sentido del humor es, además de un signo de madurez evidente, otra excelente terapia contra el miedo. Nos aleja de nuestras emociones y nos ayuda a relativizarlas. Si echáramos la vista atrás para analizar todos los miedos que hemos superado (a suspender, a no ser aceptados por el grupo... y un larguísimo etcétera), veríamos que no eran tan terribles como en su momento nos parecieron. ¡Somos mucho más grandes que nuestros propios temores!

Estamos a tiempo de liberarnos de nuestros miedos. ¿Acepta el desafío?

Hoy es el día más hermoso de nuestra vida,
querido Sancho;
los obstáculos más grandes, nuestras propias
indecisiones;
nuestro enemigo más fuerte, el miedo al poderoso y
a nosotros mismos;
la cosa más fácil, equivocarnos;
la más destructiva, la mentira y el egoísmo;
la peor derrota, el desaliento;
los defectos más peligrosos, la soberbia y el rencor;
las sensaciones más gratas, la buena conciencia, el
esfuerzo para ser mejores sin ser perfectos, y sobre
todo, la disposición para hacer el bien
y combatir la injusticia donde
quiera que esté.

MIGUEL DE CERVANTES, *Don Quijote de la Mancha*

ALGUNAS CLAVES SOBRE LOS DESAFÍOS DE LOS PROFESIONALES NOMIEDO:

- **Sensación de pérdida:** el miedo nace de la amenaza a perder lo que tenemos. Y dicha amenaza depende de la seguridad o confianza en nosotros mismos.

- **Talento invisible:** es un aliado para el miedo que nos hace ver que las decisiones actuales nos conducen siempre a situaciones mejores que las pasadas.

- **Estrategias biológicas ante el miedo:** si tenemos miedo, podemos responder a través de la huida, la defensa agresiva, la inmovilidad o la sumisión.

- **Desafío NoMiedo:** superar el miedo no es enfrentarse a él, sino apoyarse en la motivación y, en especial, en la misión que cada uno escoge y que nos trasciende.

- **Concreción, por favor:** los miedos ambiguos nos atemorizan. En la medida que lo hagamos concretos, con sentido común, seremos capaces de mirarlos a la cara y buscar alternativas. Además, al final conseguiremos salir adelante.

- **¿Tener o ser?** Basar nuestra misión y autoestima en el ser, que no en el tener, es garantía para afrontar el miedo. Y es importante el sentido del humor para distanciarnos de él.

BIBLIOGRAFÍA DESTACADA

A demás de la documentación que se detalla en las notas al final, *NoMiedo* se ha apoyado en la siguiente bibliografía destacada:

- Asch, S . E. (1952). *Social Psychology*. Englewoods Cliffs, New Jersey.
- Bonache y Cabrera (dir.). *Dirección estratégica de personas*. Prentice Hall, Madrid.
- Carlzon, J. (1987). *Moments of Truth*. Ballinger Publishing Company, New York.
- Damasio, A. (1996). *El error de Descartes*. Crítica, Barcelona.
- Ekman, P. (1993). «Facial expression of emotion», *American Psychologist* 48: 384-392.
- Elffers, J. y Greene, R. (1998). *The 48 Laws of Power*. Viking Press, Nueva York.
- Fernández Aguado, J., y Aguilar, J. (2004). *La soledad del directivo*. Mind Value, Madrid.
- Frankl, V. (1946/2004). *El hombre en busca de sentido*. Herder, Barcelona.
- Frankl, V. (1990). *Ante el vacío existencial*. Herder, Barcelona.
- Fromm, E. (1941/2003). *El miedo a la libertad*. Paidós, Barcelona.
- Fromm, E. (1978). *¿Tener o ser?*. Fondo de Cultura, México.
- Gallagher, M. (2004). *Handbook of Psychology*. Libro *online*.
- Gilbert, D. (1984). *The Handbook of Social Psychology*. McGraw-Hill, Boston.
- Goleman, D. (1996). *Inteligencia emocional*. Kairós. Barcelona.
- Gray, A (1971). *La psicología del miedo*. Ediciones Guadarrama, Madrid.

- Handy, C (2001). *The Elephant and the Flea* . Hutchinson, Londres.

- Hare, R. (2003). *Sin conciencia. El inquietante mundo de los psicópatas que nos rodean.* Paidós, Barcelona.

- Herzberg, F., Mausner, B., y Snyderman, B. B. (1959). *The Motivation to Work.* John Wiley & Sons, Nueva York.

- Janis, I. L. (1972). *Victims Of Groupthink.* Houghton Mifflin Company, Boston.

- Jericó, P. (2001). *Gestión del talento, del profesional con talento al talento organizativo.* Prentice-Hall, Financial Times, Madrid.

- Klein, N (2001). *No logo. El poder de las marcas.* Paidós, Barcelona.

- Lamo de Espinosa, E.; González, J. M., y Torres, C. (1994). *La sociología del conocimiento y de la ciencia.* Alianza, Madrid.

- Ledoux, J. (2002). *Synaptic self. How our brains become who we are.* Viking, Nueva York.

- Lorenz, C. y Leslie, N. (1992). *The Financial Times on Management.* Pitman Publishing, Londres.

- MacLean, P. D.. *The Triune Brain in Evolution. Role in Paleocerebral Functions.* Plenum Press, Nueva York.

- Malone, T. (2004). *The Future of Work.* Harvard Business School Pres, Boston M.A.

- Marks, I. (1991). *Miedos, fobias y rituales. Los mecanismos de la ansiedad.* Martínez Roca, Barcelona.

- Martin, R (1996). *Diccionario de la mitología griega y romana.* Espasa de Bolsillo, Madrid.

- Martínez Selva, J. M. (2004). *Estrés Laboral.* Prentice Hall, Madrid.

- Maslow, A. (1954). *Motivation and Personality.* Harper, Nueva York.

- McClelland, D. C. (1985). *Human Motivation.* Cambridge University Press, Cambridge.

- Morris, D. (1969). *El mono desnudo. Un estudio del animal humano.* Plaza y Janés, Barcelona.

- Morris, D. (1974). *El zoo humano.* Plaza y Janés, Barcelona.

- Peter, L. (1969). *The Peter Principle.* William Morrow and Company, Nueva York.

- Peters, T. (2005). *50 claves para hacer de usted una marca.* Gestión 2000, Barcelona.

- Reeve, J. (1994). *Motivación y emoción.* McGraw Hill, Madrid.

- Ridderstråle, J., y Nordström, K. A. (2001). *Funky Business.* Prentice Hall, Madrid.

- Ridderstråle, J., y Nordström, K. A. (2004). *Karaoke Capitalism.* Prentice Hall, Madrid.
- Sapolsky, R.M. (1995). *¿Por qué las cebras no tienen úlcera? La guía del estrés.* Alianza, Madrid.
- Seligman, M. (2003). *La auténtica felicidad.* Paidós, Barcelona.
- Selye, H. (1975). *Tensión sin angustia.* Guadarrama, Madrid.
- Semler, R. (2001). *Radical.* Gestión 2000, Barcelona.
- Sennett, R. (1998). *The Corrosion of Character. The Personal Consequences of Work in the New Capitalism.* W. W. Norton & Company, Nueva York.
- Torrecilla, J. M. (1999). *«Las estrategias operativas de las empresas»,* Economía Industrial, número 330, VI.
- Weber, M. (1904/1994). *La ética protestante y el espíritu del capitalismo.* Península, Barcelona,
- Wolpert, L. (1998). *The Unnatural Nature of Science.* Boston M.A, Harvard Business School Press.

NOTAS

1   Marks, I. (1991), *Miedos, fobias y rituales, Los mecanismos de la ansiedad*, Martínez Roca, Barcelona. Y Martínez Selva, José Mª (2004), *Estrés Laboral*. Prentice Hall. Madrid; y elaboración propia.

2   Walk, R. D., y Gibson, E. J. (1961), «A comparative and analytical study of visual depth perception», *Psychological Monographs*. 75, 519. El «precipicio visual» también se recoge en Marks, I. (1991). *Miedos, fobias y rituales: Los mecanismos de la ansiedad*, Martínez Roca, Barcelona.

3   Gracias a Tomás Pereda por las ideas aportadas en este punto.

4   Daniel Goleman y Ledoux describen algunas de las consecuencias del cerebro y las emociones.

5   Paul McLean, director del Laboratorio de Evolución Cerebral y Conducta de California, parte del supuesto de que poseemos tres sistemas neuronales interconectados, resultantes de nuestro proceso evolutivo: el cerebro reptiliano, el límbico o paleomamífero y el racional o neocórtex. El más antiguo es el reptiliano o tallo encefálico. Es el responsable de ciertos patrones de agresividad, de la defensa de nuestro territorio o de instintos sexuales básicos. En el segundo sistema neuronal, el límbico, reside la amígdala y es el que compartimos con los mamíferos. El neocórtex es el que nos diferencia de los animales. Lenguaje, creatividad y pensamiento artístico se desarrollan ahí. Pero éste no actúa cual «llanero solitario». Trabaja en colaboración con el resto de cerebro, especialmente con la amígdala. Y somos afortunados de que así sea. De otro modo, las madres no se sentirían vinculadas a sus hijos. Las crías de animales sin neocórtex, como las serpientes, tienen que esconderse de su progenitora para no ser devoradas. En ese sentido la relación es positiva. Pero también tiene otras actividades no tan beneficiosas: es capaz de cortocircuitar nuestro talento, en especial, cuando tenemos miedo. MacLean, P. D., *The Triune Brain in Evolution: Role in Paleocerebral Functions*. Plenum Press. New York.

6   American Institute of Stress.

7   Gray, Seyle y Goleman detallan las reacciones de nuestro cuerpo ante el miedo. Alonso Puig señala que los corticoides en dosis excesivas impiden actuar a un tipo de glóbulos blancos, linfocitos NK, que son los que destruyen la formación de tumores cancerígenos. Alonso Puig, Mario (2004). *Madera de Líder*. Empresa Activa, Barcelona

8   *Business* 2.0, 13 junio 2000.

9   La base teórica de la Medicina Tradicional China tiene más de dos milenios de antigüedad. Parte del supuesto de que la combinación de nuestras emociones y los factores externos que afectan al organismo, como el paso de las estaciones o el cambio de tiempo, son la base patológica de las enfermedades. Dicha tradición supone que cada persona, al vivir entre el cielo y la tierra, constituye en sí misma un universo en miniatura. La base patológica de las enfermedades es el resultado de la combinación de las

emociones y los factores externos que afectan al organismo y rompen nuestra armonía interior. De esta forma, en el pensamiento médico chino tradicional, el miedo es una manifestación de un desequilibrio que afecta a la totalidad de la persona. Lo importante no es la enfermedad, sino la persona en su conjunto. «Medicina china» en la web del Gobierno de Taiwan. http://www.gio.gov.tw (acceso noviembre de 2004).

10 Basada en los estudios de Ekman y la identificación de las emociones a través de las expresiones faciales. También puede consultarse Ekman, P., Davidson, R. J., & Friesen, W. V. (1990): «Duchenne's smile: Emotional expression and brain physiology II», Journal of Personality and Social Psychology 58: 342-353 y Reeve, J. (1994). *Motivación y emoción*, McGraw Hill. Madrid. No obstante, hay que destacar que no existe consenso en las emociones consideradas básicas, incluso hay autores que incluyen el orgasmo como una de ellas.

11 Escuela Gueshe Kelsang Gyatso.

12 Estudio *Talento, Miedo y Resultados* realizado entre abril y junio de 2005 en asistentes a seminarios y conferencias en España. Total de la muestra: 185 directivos y mandos medios.

13 Informe de la Juventud de España (2000). Puede descargarse en http://www.mtas.es/injuve/biblio/estudio_injuve/estucronologico/informe2000.htm (acceso septiembre 2005).

14 Sennett, Richard (1998): *The Corrosion of Character: The Personal Consequences of Work in the New Capitalism.* New York: W. W. Norton & Company.

15 *Business Week,* 4 de octubre, 1999.

16 Asch, S .E. (1952): *Social Psychology,* Englewoods Cliffs, Prentice-Hall, N. J..

17 Fromm, E. (2003): *El miedo a la libertad.* Paidós, Barcelona. La influencia del calvinismo fue estudiada previamente por Max Weber.

18 Jericó, P. (2001). *Gestión del talento, del profesional con talento al talento organizativo.* Prentice-Hall, Financial Times, Madrid.

19 Resultados obtenidos en encuestas facilitadas a directivos asistentes a congresos sobre la gestión del talento en Buenos Aires (Argentina, 2001), Madrid y Barcelona (España, 2001), Bogotá (Colombia, 2001), Santiago (Chile, 2001) y Ciudad de Guatemala (Guatemala, 2003). La muestra de personas encuestadas es de 800 con perfil directivo y mando medio de grandes y medianas empresas, fundamentalmente. México fue un caso excepcional ya que se realizó en Culiacán (México, 2005) a través de entrevistas individuales realizadas a pequeñas empresas, fundamentalmente, y gracias a la colaboración de Magda Evelia Mendoza y al equipo de la Universidad Autónoma de Sinaloa.

20 Sobre el poder se han realizado múltiples estudios. Uno de los que primeros fue el realizado por French J. R. P., y B. Raven (1959): «*The bases of social*

power», en Cartwright D. (ed), *Studies in Social Power*, University of Michigan Press. Ambos autores destacaron tres tipos de poder además del legítimo, otorgado por la jerarquía y *carismático*, obtenido por las propias cualidades personales. Estos son: poder basado en el *conocimiento*, característico del experto; en las *influencias* o la «red de contactos» y en la recompensa, que se obtiene cuando alguien tiene algo deseado por otros y no está en la obligación de darlo.

21 Handy, C. (2001). *The Elephant and the Flea*. Hutchinson, London.

22 Ridderstråle, J y Nordström, K.A. (2004), *Karaoke Capitalism*. Prentice Hall, Madrid

23 Reportaje Cartier «El negocio de lo falso». Las falsificaciones mueven entre un 5 y un 7 por ciento del comercio mundial, es decir, unos 500.000 millones de euros al año.

24 *Business Week*, August 28, 2000.

25 Estudio *Talento, Miedo y Resultados*.

26 Tischler, Linda (2005): «The CEO's New Clothes», *Fast Company* 98 september.

27 Jericó (2001).

28 Martha Rogers. Expomanagement, 11 y 12 de mayo de 2005. Madrid

29 El porcentaje de divorcios entre los matrimonios suecos es del 60 por ciento (Ridderstråle y Nordström, 2004) y entre los mexicanos del 40 por ciento. Cimac (2004): «Seis de cada 10 parejas se separan en México», Cimac Noticias, 19 de enero.

30 *The Industry Standard*, June 19, 2000.

31 Ridderstråle y Nordström (2004).

32 *Residence*, 4, 2003.

33 *The Economist*, The World in 2000.

34 Handy (2001).

35 Reinoso, José (2004): «China crea un gigante informático tras la compra de Lenovo en la mayor operación de una empresa china en el exterior», *El País*, 9 de diciembre. Cambio (2005): «La nueva conquista», Cambio, 18 al 25 de julio.

36 Jussi Vahtera, Mika Kivimäki, Jaana Pentti, Anne Linna, Marianna Virtanen, Pekka Virtanen, Jane E. Ferrie (2004): *Organisational downsizing, sickness absence, and mortality: 10-town prospective cohort study*, BMJ, 23 Febrero 2004. Puede descargarse en BMJ Online First bmj.com.

37 Watson Wyatt (1991): «Reestructuring - Cure o cosmetic surgery?», citado en Bonache, J. (2002): «Retención y ruptura laboral» en Bonache y Cabrera (dir.) *Dirección estratégica de personas*, Prentice Hall, Madrid.

38   Roach, John (2001). «Delphic Oracle's Lips May Have Been Loosened by Gas Vapors», *National Geographic* News August 14.

39   Lorenz, C. y Leslie, N. (1992): *The Financial Times on Management*. Pitman Publishing, London.

40   «Leading in Unnerving times», *Sloan Management Review*, special issue 42 (2), december 2001.

41   *Fast Company*, August 2000.

42   El Mundo (2003): «El tiempo de fabricación de un coche, clave del ahorro para PSA», *El Mundo*, 30 de enero.

43   http://www.slowfood.com.

44   Suárez, G. (1997): *Miedo en las Organizaciones*, Asturias Business School.

45   Torrecilla, José Miguel (1999): «Las estrategias operativas de las empresas», *Economía Industrial*, número 330, VI.

46   http://www.fortune.com

47   Financial Times, April 24, 2001.

48   Khermouch, Gerry et al (2001): «The Best Global Brands», *BusinessWeek, 6* de agosto.

49   Hamilton, C (2004): «Carpe Diem?, The Deferred Happiness Syndrome», *The Australian Institute*.

50   Pocock, B. y Clark, J. (2004): «Downshifting in Australia: A sea change in the pursuit of happiness», *The Australian Institute*, Discussion Paper nº 50, Canberra.

51   Seligman (2003).

52   Las ventas mundiales de los medicamentos son las siguientes: reductores de colesterol y triglicéridos, 30.200 millones de dólares; antiulcerosos, 25.500; citostáticos, 23.800, y antipedresivos, 20.300. Fuente: IMS Health Intelligence 360. Publicado en Correo Farmacéutico 27 de Junio 2005.

53   La doctora Elisabeth Kubler-Ross ha escrito más de una docena de libros, entre los que destacan *La muerte, un amanecer o La rueda de la vida*. http://www.elisabethkublerross.com/

54   Nature (2005). «The chimpazee genome», Nature 437, n.º 7055.

55   Algunos trabajos que analizan MCC son los realizados por Malone y Forcadell. Malone, T. (2004): *The Future of Work*. Boston M.A: Harvard Business School Press; Forcadell, F. (2005). «Democracia, cooperación y éxito. Implicaciones prácticas del caso de Mondragón», *Universia Business Review* abril.

56   Strozza, P. (2002). «La catastrófica quiebra de Enron se vio primero en Internet», *Clarín.com*, 24 de enero.

57 Reich, R.B. (2000). *The future of success*. Alfred A. Knopft, New York.

58 En Jericó (2001) se analiza cómo el profesional se compromete con su organización y qué políticas se pueden llevar a cabo para conseguirlo.

59 Gracias a David Aguado por sus comentarios en este punto.

60 *Economist*, April 12, 2003.

61 Handy, C (2001): «Why Companies may be held to ransom by their employees», *European Business Forum*, 6 Summer.

62 «Venid the numbers», HBR, agosto de 2003.

63 Ridderstråle y Nordström (2001).

64 Algunos trabajos donde se recogen los conceptos mencionados: Labich, K. (1988): «Big changes at big brown», *Fortune*, 18 de enero: 56; Kreitner, R. y Kinicki, A. (2001): Organizational Behavior. McGraw-Hill y Malone (2004). New York.

65 Luis Carlos Collazos y elaboración propia.

66 Marcos Cajina y elaboración propia.

67 En el libro *Gestión del Talento* se recogen los sistemas para la selección, desarrollo y retención de los profesionales, todos ellos sistemas NoMiedo (Prentice Hall, 2001).

68 Fuente: Tomás Pereda.

69 Hare, R. (2003): *Sin conciencia. El inquietante mundo de los psicópatas que nos rodean*. Paidós. Barcelona.

70 Shepperd, J .A. (1993): «Productivity loss in performance groups: A motivation analysis», *Psychological Bulletin* 1.

71 Trucios, Pilar (2001). «En España los despidos se hacen tarde y mal», *Expansión y Empleo*, 7 de junio.

72 Alzaba, Pedro y Pastor, Enric (2000). «El virus del amor colapsa ordenadores de todo el mundo», *El Diario del Navegante*, 5 de mayo.

73 Kets de Vries, M. (2001) *The Leadership Mystique: A User's Manual for the Human Enterprise*, Prentice Hall, London.

74 Marks, I (1991). *Miedos, fobias y rituales: Los mecanismos de la ansiedad*. Martínez Roca. Barcelona.

75 Frankl, Viktor (1946/2004). *El hombre en busca de sentido*, Herder, Barcelona.

76 Jericó (2001).

77 Citado en Frankl, Viktor (1946/2004).